나답게쓰는시간

조금씩 자신의 삶에
확신이 생기고 변화가
시작되는 순간

나답게 쓰는 시간

조금씩 자신의 삶에 확신이 생기고
변화가 시작되는 순간

초판 1쇄 인쇄 2020년 6월 10일
초판 1쇄 발행 2020년 6월 15일

지은이 이 로
펴낸이 백유창
펴낸곳 도서출판 더테라스

신고번호 제2016-000191호
주 소 서울 마포구 양화로길 73 체리스빌딩 6층
Tel. 070-8862-5683
Fax. 02-6442-0423
seumbium@naver.com

ISBN 979-11-958438-4-8

값 12,400원

나답게 쓰는 시간

Time to write like me
The moment that makes me happy

이 로 지음

| 조금씩 자신의 삶에 확신이 생기고 변화가 시작되는 순간 |

도서
출판 **THE TERRACE**

CONTENTS

2부
나의
모든 시간은
소중하다

우리의 소중한 시간을 위해

'올해는 작년과 다르겠지. 특별한 해가 될 거야.'

1월 1일, 매년 새해가 되면 모두가 새로운 희망에 부푼다. 작년과 달라질 나를 꿈꾸며, 특별한 의식을 치른다. 신년 계획을 세우는 것이다. 새로 산 다이어리에 정성스럽게 일 년 계획을 적는다. 살 10kg 빼기, 새로운 취미 배우기, 50권 이상 독서, 한 시간 일찍 일어나기, 대출금 20% 갚기, 담배 끊기, 이번에는 솔로 탈출, 해외여행…. 이렇게 신년 계획을 짜면서 장밋빛 기대에 빠진다. '올해는 특별한 일이 일어나겠는걸!'

새로운 계획에 맞춰 1년을 시작한다. 하루, 이틀은 계획대로 잘 보냈다. 사흘날 갑자기 바쁜 일이 생겨 계획을 지키지 못했다. 나흘날은 그럭저럭 잘 지켰다. 닷샛날, 엿샛날은 다시 지키지 못했다. 이런 식으로 한두 달이 흐른다. 어느새 올해 세운 계획은 다 어디 갔는지 모르겠다. 작년과 똑같은 삶을 살고 있다. 이렇게 일 년을 보내다가, 12월에 정신이 바짝 든다. 다시 새해 계획을 짜기 시작한다. '내년엔 더 잘살아 봐야겠다.'

정도의 차이는 있겠지만, 이런 경험은 누구나 있을 것이다. 그것도 여러 번이나. 너무 높은 계획을 세워서일까? 의지력이 약해서일까? 그것도 아니면 사회가 빨리 돌아가서일까?

'계획을 잘 지켰는지 아닌지'를 결정하는 중요한 요소가 있다. 바로 시간이다. '시간을 어떻게 쓰는가?'가 계획의 성공과 실패를 나눈다. 당연한 말이다. 그걸 모르는 사람은 없다. 시간은 누구에게나 공평하게 주어진다. 시간을 잘 사용하는 사람은 계획을 지킬 확률이 높을 것이다. 반대로 그렇지 못한 사람은 계획대로 살기 힘들 것이다. 그렇다면 어떻게 시간을 잘 쓸 수 있을까?

불확실한 세상에서 시간을 잘 쓴다는 것

중국의 우한에서 시작한 '코로나바이러스감염증-19'(이후 코로나-19)가 전 세계를 뒤덮었다. 수많은 희생자가 생겼고 아직도 현재 진행형이다. 이 호흡기 감염질환은 다른 사람의 비말(침망울)이 닿을 경우 쉽게 전염된다. 그런 까닭에 우리의 삶의 모습은 완전 바뀌었다.

'사회적 거리두기'를 시행하고, 많은 회사가 재택근무를 한다. 저녁 시간에 항상 붐비던 식당과 술집은 텅텅 비었다. 사람들은 항상 마스크를 쓰고 다니고, 웬만하면 사람들을 만나지 않는다. 예전으로 다시 돌아가기 힘들게 됐음을 직감한다.

이런 전 세계적 위기 상황에서 사람들은 자신들의 삶의 방식을 다시금 생각했다. '빨리 빨리'를 외치고 속도에 치우친 삶을 살았던 사람들은, 무엇을 위한 속도인지 되물었다. 가족과 많은 시간을 보내면서 가족의 소중함을 새삼 깨닫기도 했다.

나 역시 지난 2~3개월 동안 생계를 유지하는 것조차 힘들었다. 정말 생존의 문제로 다가왔다. 그렇지만 경제적인 부문 말고 더 나를 힘든 게 한 건 따로 있었다. 바로 무기력한 내 모습이었다. 바쁘게 살 때는 '시간이 조금 더 있었으면' 하고 항상 생각했다.

그런데 예상치 못한 코로나-19로 갑자기 많은 시간이 주어진 것이다. 하지만 그 시간을 제대로 활용하지 못했다. 시간을 가치 있게 사용하지 못했고, 하루하루 시간을 허비했다. 시간이 많이 있다고 시간을 잘 쓰는 건 절대 아니었다. 나는 그럭저럭 시간을 잘 사용하는 사람인 줄 알았다. 하지만 아니었다. 나는 시간의 소중함을 몰랐고, 그렇기에 가치 있게 시간을 사용하지 못했다.

이 책은 코로나-19가 한창일 때 썼다. 처음 의도했던 내용이 질병으로 인해 바뀐 부분도 많다. '시간을 어떻게 써야 하나?'

를 기술적으로 늘어놓지는 않았다. 그저 유한한 우리가 어떻게 시간을 바라봐야 하는지에 대해 이야기했다. 불확실한 세상에서 나를 지키고 나답게 살기 위해서는 시간을 잘 사용해야 함을 말하고 싶었다. 첫 번째 책(공저) 『나답게 산다는 것』의 실제적인 내용이라고 생각해도 좋다.

1부 〈시간은 가치를 심는다〉는 '어떻게 시간을 가치 있게 사용할까?'를 다루었다. 우리가 잊고 살았던 시간의 소중함을 전하고자 했다. 아울러 '어떻게 하면 시간을 잘 사용할 수 있을까?'라는 시간 관리의 큰 그림을 그렸다. 2부 〈나의 모든 시간은 소중하다〉는 1부에서 얻은 통찰을 기본으로, 어떻게 하면 삶에서 구체적으로 시간을 잘 사용할 수 있을지 제시했다.

한 가지 주의할 점이 있다. 시간 관리에 정답은 없다는 사실이다. 사람마다 성격이 다르고, 개성이 다르고, 삶의 가치 기준이 다르다. 그에 따라 시간 사용은 달라질 수밖에 없다. 이 책역시 정답을 말하는 것이 아니다. 그렇지만 당신만의 정답을 익히기에 좋은 참고가 될 것이다.

아무쪼록 이 책을 읽고 시간에 대한 인식이 새로워지길 바란다. 가벼운 마음으로 읽기 시작해라. 정답을 찾는 자세가 아닌, 편한 마음으로 읽어라. 그러다 보면 생각지 못한 보물을 발견할 것이다. 뜻하지 않게 보물을 발견하는 '세렌디피티'의 순간이 찾아오길 기대한다.

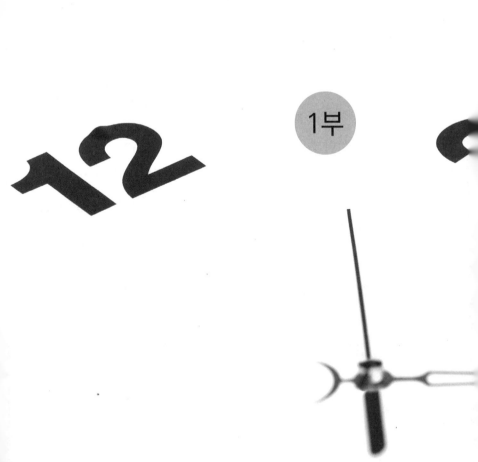

1부

시간은 가치를 심는다

3 4 5

현재를
사는 삶

"Latte is horse." 이게 무슨 뚱딴지같은 말인가? '라떼는 말' 이라니? 최근 젊은 세대에서 유행하는 말이다. "나 때는 말이야."로 시작하는 어른들의 일장연설을 비꼬는 표현이다. 이들은 항상 과거를 말한다. 주로 5~60대 이상이 쓰는 유행어이지만, 요즘은 2~30대도 심심치 않게 쓴다. 비슷한 말로는 "왕년에 내가 말이야.", "옛날에는 안 그랬어.", "내가 너 나이 때는 말이야." 등이 있다. 이런 식으로 과거의 무용담을 들먹인다.

꼰대만 있는 것은 아니다. 과거를 후회하는 사람도 많다. "내가 그때 아파트를 사뒀으면.", "학교 다닐 때 공부 열심히 했으면 고생 안 하는 건데.", "평소에 운동을 열심히 했으면 병이 안 걸렸을 텐데." 이런 식으로 과거에 내가 했던, 혹은 안 했던 일을 후회한다.

반면, 이와 정반대의 말을 하는 사람도 있다. "내년에는 잘 되겠지.", "올해는 글렀네. 내년을 기약해 보자.", "졸업만 하면 장밋빛 미래가 있겠지.", "이직하면 나아질 거야.", "퇴직하고 사업 하면 괜찮지 않을까.", "아이만 다 키우면 뭔가 새로 해 봐야지."….

미래 지향적이다. 왠지 그럴듯해 보인다. 미래에 밝은 청사 진을 제시하고 불확실한 세상에서 희망을 품고 산다는 것. 얼 마나 건설적인가. 아쉽게도 이들에게도 치명적인 문제가 있다. '미래만' 말한다는 것이다. 지금 살아가는 현재를 모른 체하는 것이다. 그들에게 미래가 있다고 말할 수 있을까? "지금 하는 일이나 똑바로 해!" 비난과 함께 등 스매싱을 맞지 않으면 다 행이다.

고민을 밥 먹듯이 하는 사람도 있다. "내년에는 경기가 더 안 좋아진다는데.", "아이가 중2병에 걸리면 어떡하지?", "이번에 는 공무원 시험에 합격할 수 있을까?"

캐나다의 작가 어니 젤린스키는 이렇게 말한다.

"우리가 하는 걱정의 40%는 절대 현실에서 일어나지 않는 다. 30%는 이미 일어난 일에 대한 것이다. 22%는 사소한 고 민이며 4%는 우리 힘으로는 어쩔 도리가 없는 일에 대한 것이다. 걱정의 나머지 4%만이 우리가 바꿀 수 있는 일에 대한 것이다."

그런데도 크고 작은 고민에 빠져 산다. 아직 오지 않은 미래를 두려워하면서. 이처럼 과거의 추억과 후회에 빠져 허우적거리는 사람이 있다. 미래의 장밋빛 상상과 고민에 취해 사는 사람도 있다. 엄밀히 말해 이들은 현재를 잘 살아가지 못하고 있다. 과거만 말하고 미래만 말하는데 당연하다. 당신은 어디에 속하는가. 이미 지난 과거에 머물러 있는가. 아니면 아직 오지 않은 미래를 허망하게 붙들고 있는가.

까르페 디엠 ⎯⎯⎯⎯⎯⎯⟶

너와 나, 우리가 몇 살까지 살 것인지
이것은 신들의 영역이니 함부로 궁금해 하지 말아라.
바빌로니아 점쟁이들의 점술판은 아예 쳐다보지 말아라.
미래도, 과거처럼 어깨 위에 지고 가는 것이 차라리 좋다.
주피터가 우리에게 많은 겨울을 보도록 허용할지
아니면 티엔 해의 파도가 해변의 바위를 때리며
힘을 낭비하는 이번 추위가 우리의 마지막 겨울이 될지 염려하지 말아라.
그냥 와인을 줄이고, 현명하게 살아라.

인생은 짧은데 더 바랄 것이 있겠는가.

우리가 이야기하는 바로 이 순간에도 질투 많은 시간은 새어
나가고 있으니

오늘을 꽉 움켜잡고 가급적 내일이란 말은 조금만 믿어라.

- 호라티우스, 〈송가(Odes)〉

마지막 절을 주의 깊게 보라. "오늘을 꽉 움켜잡고"(seize
the day). 어디에선가 들어본 적이 있을 것이다. 바로 '카르페
디엠'(Carpe Diem)이다. '현재 순간에 충실하라'라는 뜻으로
우리가 많이 사용하는 단어다.

여기서 '카르페'(Carpe)란 '카르포'(Carpo-과일을 따다, 추
수하다)라는 동사의 명령형이다. 상상해 보자. 1년 내내 과일
농사를 지으며 땀 흘린 농부가 있다. 그가 그토록 기다리는 날
은 언제일까? 당연히 과일을 추수하는 날일 것이다. 그날만큼
은 일하지 않고 맘껏 즐겨도 된다. 신나게 술도 마시고 춤도 추
며 추수의 기쁨을 다른 사람과 나눌 것이다.

카르페 디엠은 우리에겐 영화 〈죽은 시인의 사회〉로 널리 알
려졌다. 영화는 괴짜 선생 키팅과 학생들의 이야기이다. 미국
의 명문 웰튼 아카데미. 이 학교 출신인 존 키팅(로빈 윌리엄
스)이 영어 교사로 이곳에 부임한다. 첫 시간부터 키팅은 파격
적인 수업방식으로 학생들에게 충격을 준다. "카르페 디엠"을

시간의 가치를 심는다

외치며.

키팅은 기존의 선생들과는 다른 방식으로 교육한다. 시(poem)를 가르치는 수업에서 "시는 재는 것이 아니다."라며 책을 찢어버리라고 말한다. 책상 위에 올라서서는 세상을 다른 관점으로 바라보라고 호소한다. 키팅은 학생들에게 말한다. "현재를 즐겨라. 인생을 독특하게 살아라."

현재를 즐긴다는 것은 무슨 뜻일까? '즐긴다'라는 말이 부정적인 뉘앙스로 비칠 때도 있다. 신자유주의 물결 속에서는 누구나 열심히 일하고 돈을 벌어야 한다. 조금이라도 쉬면 도태되기 때문이다. 그런데 즐기라고?

현재를 즐겨라

김민식 PD는 하루하루 즐기면서 살아갔다. 그는 외대 통역대학원 졸업 후, 재미있는 일을 찾다 MBC 예능 PD로 입사했다. 그는 드라마에 관심이 생겨 드라마 PD로 옮겼다. 시트콤 〈뉴 논스톱〉으로 백상예술대상 신인상, 드라마 〈내조의 여왕〉으로 백상예술대상 연출상을 수상했다.

그러다가 2012년 MBC 노조 부위원장으로 일했다. 결과는 좋지 않았다. 대기발령 및 정직 6개월의 징계를 받게 된 것이다. 힘들 때 가장 먼 곳으로 달아나고 싶어 남미로 떠났고, 파타

고니아 트레킹 도중 『영어책 한 권 외워봤니?』의 초고를 썼다.

어떻게 보면 그는 불행한 사람이라 할 수 있다. 최고의 PD로 이름 떨칠 때 자신의 일을 할 수 없었으니까. 그래도 그는 낙망하지 않았다. 계속해서 영어를 공부했고, 책을 읽었고, 여행을 다녔고, 글을 썼다. 그는 그에게 주어진 하루하루를 열심히 살아갔다.

인생의 의미나 행복 같은 무거운 주제에 눌리기보다 순간의 재미에 집착합니다. '나는 행복한가?'라고 묻기보다 '이건 재미있는가?'라고 물어요. 행복이란 관념은 너무나 크고 막연해요. 하지만 재미는 그 순간 판단할 수 있어요. 행복에 집착하면 그만큼 불행이 잘 보이더라고요. 대신 '지금 이 순간, 내가 하는 일이 재미있는가?'를 물었을 때 재미없다는 답이 나온다면, 재미있기 위해 뭘 해야 할까를 생각합니다. - 김민식, 『내 모든 습관은 여행에서 나온다』

오늘날 사회의 분위기는 예전과 달라졌다. 재미를 추구하는 것을 뭐라 하지 않는다. 오히려 재미있게 살라고 격려한다. 일상에서 느낄 수 있는, 작지만 확실하게 실현 가능한 행복을 뜻하는 '소확행', 일과 삶의 균형을 나타내는 '워라밸'(Work and Life Balance), 인생은 한 번뿐이니 즐기라고 말하는 'YOLO'(You Only Live Once) 등의 신조어가 이런 시대를 반영한다.

예전에는 한 직장을 평생 다니다 퇴직하는 것이 당연했다. 지금은 다르다. 의미 있는 곳, 재능을 발휘할 수 있는 곳으로 몇 번씩 이직한다. 취업하지 않고 혼자 일하는 프리랜서도 많다. 직장 풍경도 바뀌었다. 잘 다려진 양복에 넥타이를 매고 출근하지 않아도 된다. 출퇴근 시간을 유동적으로 조절하는 회사가 늘어났다. 예전과는 비교할 수 없을 정도로 복지도 개선되었다. 출산휴가와 육아휴직은 모두 당연하게 누려야 할 권리가 되었다.

퇴근 이후에는 자신이 원하는 대로 맘껏 시간을 쓸 수 있다. 퇴근은 끝이 아니라 남아있는 하루의 시작이다. 문화센터에서 듣고 싶던 강의를 맘껏 듣고, 동네서점의 독서모임에 참석한다. 주말에는 잘 개발된 여행상품을 이용하여 가까운 외국에 다녀오기도 한다. 이런 사회의 변화는 무엇을 말할까? 지금이 중요하다는 말이다. 지금을 즐기란 말이다.

버킷리스트가 너무 크다면

버킷리스트는 죽기 전에 꼭 해야 할 일이나 하고 싶은 일에 대한 리스트를 말한다. 사람들은 자신이 하고 싶은 일의 목록을 쭉 써놓는다. 유럽여행하기, 부모님 집 사드리기, 자격증 따기, 수영 마스터하기…. 자신의 꿈을 적고 이루어지기를 기대하는 것. 그것만큼 벅찬 일은 없을 것이다.

SNS에서 버킷리스트를 검색하면 사람들이 얼마나 버킷리스트를 원하며 사는지 알 수 있다. 멋있는 곳에서 멋진 포즈를 취하거나 맛있는 음식을 먹는 사진, 행글라이더 같은 액티비티를 즐기거나 다이어트를 축하하는 사진이 가득하다. 한 여행 사이트에서 추천한 여행 버킷리스트를 본 적이 있다. 몰디브 선베드에 누워 모히토 마시기, 아이슬란드 오로라 헌팅, 시드니 오페라하우스 페리투어, 4박 5일 동안 킬리만자로 등반….

리스트를 보면서 '이걸 다 하려면 얼마나(시간과 재정) 들까? 여기에서 한 가지라도 할 수 있을까?'라는 한숨이 나도 몰래 나왔다. 가끔 이런 버킷리스트를 보면 부러움과 함께 '난 왜 이렇게 살지 못할까? 언제 이룰 수 있을까?'라는 쓸쓸한 마음이 드는 것은 사실이다.

우리는 너무 버킷리스트에만 초점을 맞추어 살아가는 건 아닐까? '난 이것을 꼭 해야 해. 이걸 올해 꼭 하고 말겠어.' 이렇게 버킷리스트에만 매여 살아갈 수 있다. 그러다 보니 행복을 주는 버킷리스트가 부담(결코 작지 않은)으로 여겨지는 것 같다.

버킷리스트는 평생의 소원을 꿈꾸는 것이다. 그렇기에 소중하고 그것을 이루기 위해 열심히 살아간다. 버킷리스트를 이루어낸 성취감으로 나머지 삶을 열심히 살고, 다음 버킷리스트를 꿈꾸며 살아갈 수 있다. 그렇지만 막상 이루고 나면 허망해지

기도 한다. '고작 이것 때문에 이렇게 열심히 살아온 거야?'

버킷리스트를 조금 작게 만들면 어떨까? 히말라야 등정이 아니라 한라산 등정을 리스트에 올리는 것이다. 더 줄여도 된다. 동네 뒷산 오르기. 그렇다면 이 버킷리스트는 이루기 힘든 것이 아니라 마음만 먹으면 올해라도, 아니 이번 달, 이번 주라도 가능한 것이 된다.

동네 뒷산 오르기, 배우자와 데이트하기, 중고등학교 은사 찾아뵙기, 한강에 돗자리 깔고 치킨 먹기, 일주일동안 SNS 하지 않기, 파워포인트 단축키 외우기, 집안 대청소, 유기견 봉사 활동…. 손쉽게 해 볼만한 것이 많다.

이렇듯 작은 꿈을 이루기 위한 삶을 사는 것이다. 삶이 달라지지 않을까? 그동안 큰 목표만 바라보고 살았다면 작은 버킷리스트를 꿈꿔라. 당장 힘이 솟을 것이다. 인생의 버킷리스트는 그것대로 이루어가고, 손쉽게 할 수 있는 작은 버킷리스트를 틈틈이 이루어 보자.

일단 하라

'마시멜로 챌린지'라는 실험이 있다. 이 실험은 건축가, 변호사, 대학생, 유치원생 등 직군별로 팀을 나눠서 진행되었다. 팀마다 파스타면 20가닥, 테이프 1m, 실 1m, 그리고 마시멜로 한 개가 주어졌다. 실험의 규칙은 간단하다. 팀별로 마시멜로의 무게를 버틸 수 있는 탑을 가장 높이 쌓아 올리는 것이다. 주어진 시간은 단 18분이었다.

당연히 가장 높이 쌓은 팀은 건축가 팀이었다. 그런데 이 팀을 제외하고 가장 높은 탑을 쌓은 팀은 어디였을까? 놀랍게도 유치원생 팀이었다. 똑똑하고 명석한 사람이 모여 있는 변호사 팀과 대학생 팀을 가위질도 서툰 유치원생 팀이 이긴 것이다. 이들은 어떻게 이길 수 있었을까?

변호사 팀과 대학생 팀은 탑을 쌓기 전에 한참 동안 계획을 세우고 토론했다. 어떻게 하면 더 높이 쌓을 수 있을지 각자 다양한 의견을 내고 그중에서 제일 좋은 방법을 택했을 것이다. 결정된 방법을 토대로 쌓았지만, 탑은 무너지고 말았다. 그제야 다른 방법을 택해 다시 쌓았지만, 이미 시간이 많이 지난 후였다.

반면 유치원생 팀은 계획하지 않았다. 바로 실행에 옮겼다. 탑이 무너질 때마다 더 나은 답을 찾아 실행했고, 계속해서 계획을 수정했다. 덕분에 다른 팀보다 빠른 시간에 더 나은 대안을 찾아 탑을 높이 쌓을 수 있었다.

이 실험이 우리에게 가르쳐 주는 것은 무엇일까? 우리는 무언가를 시작하기 전에 너무 많은 계획을 세운다. 안정된 결과를 위해 당연한 절차일 것이다. 그렇지만 계획에 너무 많은 시간을 소진해 버려 행동이 늦어질 수도 있다. 느긋하게 시간이 많을 때는 충분히 계획을 수립해도 괜찮다. 그렇지만 빠르게 변화하는 사회에서는 빠른 실행이 더 유리할 수 있다.

동작(motion)과 실행(action) 사이의 차이를 말해준다. 이 두 가지 개념은 유사하게 들리지만 결코 같지 않다. 동작은 계획을 세우고 전략을 확립하고 배우는 것이다. 좋은 일이지만 결과를 만들어내지는 않는다.

반대로 실행은 행위로서 결과를 도출한다. 예를 들어 내가 쓰고자 하는 기고문들에 대해 20여 가지의 아이디어를 냈다면 이것은 동작이다. 그러나 실제로 앉아서 기고문을 쓰고 있다면 이것은 실행이다. - 제임스 클리어, 『아주 작은 습관의 힘』

우리는 미래에 할 일을 '생각만' 하고 미루지는 않는가. '이 일을 어떻게 해야 할까?' 하고 고민만 하고 시간을 흘려버리는 것이다. 반대로 언제 놀까 '생각만' 하고 미룰 때도 있다. 물론 맨날 놀 수만은 없다. 그렇지만 쉴 때 쉬지 못하면 우리는 쉽게 소진될 것이다.

이 책에서는 또 이렇게 말한다. "동작은 뭔가를 했다는 느낌을 준다. 하지만 실제로는 뭔가를 하는 준비를 한 것뿐이다. 준비가 '미루기'의 또 다른 형태가 돼서는 안 된다."

간만에 여행을 간다고 하자. 며칠 전부터 준비하느라 정신없다. 그런데 갑자기 여행 가는 날 마음이 바뀌어 여행을 취소해 버린 것이다. 나는 여행을 간 것일까? 당연히 아니다. 아무리 준비를 많이 했어도 떠나는 것이 중요하다. 우리의 모습을 돌아보면 준비는 많이 하는데 막상 못 하는 경우가 많다. 준비도 중요하지만, 실제로 하는 것이 더욱 중요하다.

시간을 잘 쓴다는 것은 하루 24시간을 낭비 없이 잘 사용하는 것을 뜻한다. 그 시작은 지금 이 순간을 잘 보내는 것이다. 생각해 보면 확실히 제어할 수 있는 것은 현재이다. 더 명확히 말하자면 지금이다. 과거는 지났기에 어쩔 수 없다. 미래는 어떨까? 대비는 할 수 있겠지만 정확히 예측할 수 없다. 현재만이 내가 확실히 무언가 할 수 있는 영역이다. 그 간단한 사실을 잊지 말자. 카르페 디엠!

'현재' 속에서 존재한다는 것은
바로 지금 일어나고 있는 것에 집중한다는 뜻이다!
그것은 우리가 매일같이 받는 소중한 선물에
감사한다는 뜻이기도 하다.

- 스펜서 존슨, 『선물』

크로노스에서

카이로스로

헬라어에는 시간을 지칭하는 단어가 두 개 있다. 크로노스와 카이로스이다. 크로노스는 물리적으로 흐르는 시간이다. 과거부터 미래로 일정 속도로 흐르는 연속된 시간을 말한다. 1월이 가면 2월이 오고, 가을이 가면 겨울이 오는 것처럼 직선의 개념이다. 달력의 시간이라 할 수 있다.

크로노스는 모두에게 주어지는 공평한 시간이다. 어른에게나 아이에게나, 부자나 가난한 자나, 남자나 여자나. 너무 공평하기에 중요성을 잊어버리기 쉽다. 오늘이 있으니 당연히 내일이 있을 것으로 생각한다. 그리 만족하지 못한 하루를 보냈어도 '내일이 있는데. 내일 잘 하면 되지'라고 생각한다. 여러 가지로 아쉬운 1년을 보냈어도 '올해는 실패했어도 내년에 잘 하면 되겠지'라고 여긴다. 하지만 올해 그럭저럭 살면 내년도 그럴 확률이 높다. 쉽게 자신이 변화할 수 있다고 생각하지만 실제로는 자신이 바뀌는 것이 제일 어렵다.

크로노스의 맹점이 여기에 있다. 흐르는 물에 떠 있는 것처럼 정처 없이 흘러갈 수 있다. 속절없이 흐르는 시간에 그냥 흘러가 버리는 것이다. '다른 사람도 다 나처럼 살아가겠지'라고 생각하며 무사태평하다. 공평하게 주어진 시간을 고맙게 여기는 것이 아니라, 당연하게 생각한다.

1분을 비웃는 자는 1분에 우는 법이다. 그러므로 10분이든 20분이든 매 순간순간을 헛되이 보내지 않도록 해라. 소홀히 하는 1분이 쌓이다 보면 하루에도 많은 시간을 낭비하게 된다. 그것이 1년간 쌓이면 그것은 이미 상당한 시간이 된다. - 필립 체스터필드, 『아들아 시간을 낭비하기에는 인생이 너무 짧다』

순간의 시간

카이로스는 순간의 시간을 나타낸다. 특별한 시간을 의미하는 것이다. 기회를 의인화한 신의 이름이기도 하다. 카이로스의 모습은 기이하다. 앞쪽 머리카락은 길고 뒤쪽 머리카락은 없다. 얼른 붙잡지 않고 지나쳐 버리면 더는 잡을 수 없는 기회의 성격을 나타낸 것이다.

카이로스는 주관적인 시간 개념이다. 개인이 확실한 목적을 갖고 의미를 부여하는 시간이다. 시간에 쫓겨 헐레벌떡 사는 것이 아니라 시간의 주인으로 사는 것이다. 그렇기에 어떤 면에선 카이로스는 공평하지 않다. 내가 어떤 마음을 갖느냐에 따라 시간이 남을 수 있고, 시간에 쪼들려 살기도 한다.

시험 볼 때를 떠올려 보자. 전날까지 공부했음에도 당일에는 불안하고 초조하다. 시험지를 받기 전, 마지막으로 노트와 참고서를 훑어본다. 지푸라기라도 잡는 심정일까? 이상하게 평소보다 훨씬 집중이 잘 된다. 이때는 다른 소리도 들리지 않는다. 신기하게도 이때 공부한 것이 기억에 많이 남는다. 공부한 시간은 짧지만 효과가 있다. 이것이 카이로스의 시간이다.

여행에서도 카이로스를 느낄 수 있다. 가보고 싶었던 곳을 간다는 것 자체로 기분이 좋아진다. 반복되고 혼잡한 일상을 벗어나는 것만으로 좋다. 이때는 평소보다 많이 걸어도 힘들지 않다. 길게만 느껴졌던 하루가 유난히 짧다. 이처럼 여행에서의 시간은 일상과는 다르게 흐르는 것만 같다. 바로 카이로스의 시간이다.

몰입하라 →

어쩌면 카이로스와 비슷한 개념이 '몰입'이다. 몰입은 무언가에 흠뻑 빠져 심취해 있는 무아지경의 상태를 말한다. 취미나 운동 등의 즐겁고 재미있는 행동을 마치면 이런 말을 한다. "시간이 벌써 이렇게 지났네." 시간이 가는 줄 모르고 즐긴 것이다. 이것이 몰입이다. 아이들을 보면 몰입을 제대로 느낄 수 있다. 하루 종일 놀아도 더 놀아야 한다는 말을 한다. 그만큼 즐겁기 때문이다.

미하일 칙센트미하이 교수는 몰입이 우리의 행복에 어떤 영향을 주는지 깊이 연구했다. 그는 인생에서 행복감을 느끼기 위해서는 삶의 순간순간 몰입이 필요하다고 이야기한다. 몰입하지 않고 맛보는 행복은 외부적인 상황에 대한 의존도가 높지만, 몰입으로 인한 행복은 스스로 힘으로 만든 것이므로 더 값지다는 것이다.

일과 인간관계에서 몰입을 경험하는 사람의 삶은 질이 올라갈 수밖에 없다. 여기에는 특별한 묘책도 없고 손쉬운 지름길도 없다. 자기한테 찾아온 기회를 함부로 내버리지 않고 잠재력을 끝까지 살리려고 노력하면서 삶을 풍부한 경험으로 가득 채우려는 사람만이 드높은 삶의 경지에 올라설 수 있다. - 미하일 칙센트미하이, 『몰입의 즐거움』

우리의 모습을 살펴보자. 정말 좋아하는 일과 하기 싫은 일이 있다. 똑같이 한 시간을 해야 한다고 하자. 좋아하는 일을 할 때는 시간이 빨리 간다. 시간이 가는 게 오히려 아깝다. 하지만 하기 싫은 일을 할 때는 시간이 정말 안 간다. 어느 쪽이 더 행복할까? 당연히 좋아하는 일을 할 때 행복감을 느낄 것이다.

물론 모든 일에 다 몰입할 수는 없다. 누구나 하기 싫은 일은 있다. 그렇지만 하기 싫다고 미루고, 억지로만 한다면 어떨까? 그런 일을 만날 때마다 의욕은 떨어지고 일이 끝나기만을 바랄 것이다.

"피하기 싫으면 즐겨라."라는 말이 있다. 정말 싫은 일이 있더라도 미루지 말고 나의 일로 생각하면 어떨까? 마음을 다르게 먹는 것이다. 몰입할 수 없다 하더라도 나 자신을 바꾸어 보자는 말이다. 그럴 때 크로노스의 시간이 아닌, 카이로스의 시간으로 살 수 있을 것이다.

데드라인 확장하기 ⟶

그렇다면 일상에서 카이로스를 경험할 수는 없을까? 좋아하는 것을 하면 시간이 빨리 지나간다. 요즘 말로 순삭(순간삭제)이다. 그런데 좋아하는 것만 하고 살 수는 없다. 필연적으로 우리는 일해야 한다. 하기 싫은데 해야 하는 일도 있다. 일할 때 우리의 모습은 어떤가. 시간 때우는 식으로 대충 하고, 가까스로 기한에 맞춰서 할 때도 많다.

데드라인(Deadline)이라는 말이 있다. 기사 마감 시간, 즉 취재된 기사를 편집부에 넘겨야 하는 한계 시간을 말한다. 지금은 인터넷에서 언제든지 뉴스를 확인할 수 있지만 종이 신문 시대에 데드라인은 중요한 의미를 지녔다. 이 시간을 넘기면 아무리 중요한 뉴스라도 보도되지 않는다.

지금은 최종 한계를 나타낼 때 이 단어를 많이 사용한다. 언제까지 해야 하는 과제, 회사 프로젝트, 개인적인 목표를 알리는 말이 되었다. 기한이 있는 납부금과 세금도 데드라인에 포함된다. 과장을 섞어 말하면, 우리는 다양한 데드라인에 둘러싸여 살아간다. 우리의 머릿속과 다이어리, 스마트폰에는 데드라인이 늘어간다.

데드라인을 조금 더 다양하게 적용하면 어떨까? 일이나 프로젝트에만 데드라인을 정하는 것이 아니라 사소해 보이는 집안일이나 개인 일에도 데드라인을 부여하는 것이다. 예를 들어 방 청소를 이번 주 금요일까지로 정해놓는 것이다. 전에는 '방 청소해야 하는데'라며 뜬구름 잡았다면 '이번 주 금요일'이라는 정확한 목표가 생기게 된다. 그러면 언제까지 끝내야 한다는 인식이 생겨 결국 청소하게 된다. 친구나 지인과의 만남도 마찬가지다. 여태까지는 "한번 보자!"라는 빈말을 해왔다면 연락해서 딱 언제 만나자고 못을 박는 것이다. "다음 주 수요일에 보자!" 그러면 천지지변을 제외하고는 만나게 된다.

업무에서도 그렇다. 큰일과 중요한 프로젝트뿐 아니라 사소한 일에도 데드라인을 정해라. 일에 관련된 메일이 왔으면, '점검하고 답 메일을 보내기까지 30분 예상' 이렇게 정해놓으면 일 처리가 빨라진다. 일이 빨리 처리되니 상대측에게 신뢰를 받는다. 나도 빨리 다음 업무를 시작하거나 내가 좋아하는 일을 할 수 있다.

마감을 설정하면 행동력이 상승한다. 따라서 실행력을 높이기 위해서는 어떤 일이든 기한을 정하는 것이 좋다. 그 기한은 세밀할수록 좋다. - 고다마 미쓰오, 『아주 작은 목표의 힘』

데드라인 앞당기기

프로젝트를 진행하는데 이번 주 금요일까지 해야 한다고 하자. 대부분 마음을 놓고 있다가 수요일 오후부터 마음이 불안해지고, 목요일에 이르러서야 일하느라 정신없다. 내일까지 마쳐야 하는데 일은 잘 진행되지 않는다. 엎친 데 덮친 격으로 평소에는 오지 않던 업무 전화가 내게 몰린다. 갑자기 해야 하는 일도 생긴다. 야근은 필수이다.

가까스로 금요일까지 일을 마친다. 해피엔딩은 아니다. 닥쳐서 하다 보니 작은 실수가 있다. 그것뿐인가. "다시 해와!"라는 상사의 불호령이 떨어지면, 처음부터 다시 해야 한다. 왜 이런 일이 일어날까? "시간이 없어서."라는 말은 할 수 없을 것이다. 분명 시간이 있었다. 차일피일 미루다가 이렇게 된 것이다.

예전에 잡지 기자로 일했다. 한 달에 3주는 취재로 바빴고, 한 주는 야근까지 해서 잡지를 완성했다. 일 년 반쯤 일했는데, 한 번도 쉽게 잡지가 완성된 적이 없었다. 원고를 볼 때마다 오타가 나왔고 디자인팀과의 협의도 쉽진 않았다.

문득 그런 생각이 들었다. '데드라인을 앞당기면 어떨까?' 다음 주 금요일까지 글을 써야 한다면, 스스로 데드라인을 앞당기는 것이다. 금요일이 아니라 수요일로. 실제로 앞당겨 일을 해봤다. 약간 버거웠다. 일의 양은 그대로인데 시간이 줄어드니 당연했다. 한두 달 해 보니 조금씩 나아졌다. 이후에는 익숙해졌다. 일의 능률도 높아졌다.

데드라인을 앞당긴다는 것은 나 스스로와 약속을 한 셈이다. 그러다 보니 책임감이 생겨 일을 잘 해야겠다는 다짐이 절로 생겼다. 일을 일찍 끝마치니 기존 데드라인을 앞두고서는 여유로웠다. 기본적인 오타 체크만 하면 됐고 동료의 일도 도울 수 있었다. 심지어 책을 읽을 여유도 생겼다. 다음 달 기사도 미리 쓸 수 있었다.

데드라인을 앞당기는 건 스스로 일을 책임지고 진행하겠다는 표현이다. 짧은 시간에 끝내야 하기 때문에 집중력이 생긴다. 이때 카이로스의 정수를 느낀다. 평소에는 두세 시간이 걸리는 일이 한 시간 안에 끝난다. 일을 마치고 남은 시간은 온전히 나의 것이다. 마치 시간이 덤으로 생기는 것 같다.

기회를 잡아라

이탈리아 토리노 박물관에는 카이로스의 조각상이 있다. 앞머리는 무성하나 뒤쪽은 대머리이며, 발에는 날개가 달려 있고 손에는 저울과 칼을 들고 있다. 그 조각상 밑에는 다음과 같이 적혀 있다고 한다.

앞머리가 무성한 이유는
사람들로 하여금 내가 누구인지 금방 알아차리지 못하게 하고,
나를 발견했을 때는 쉽게 붙잡을 수 있도록 하기 위함이고,

뒷머리가 대머리인 이유는
내가 지나가고 나면 다시는 나를 붙잡지 못하도록 하기 위함이며,

발에 날개가 달린 이유는

최대한 빨리 사라지기 위해서이다.

저울을 들고 있는 이유는
기회가 앞에 있을 때는 저울을 꺼내 정확히 판단하라는 의미
이며,

날카로운 칼을 들고 있는 이유는
칼같이 결단하라는 의미이다.

나의 이름은 '기회'(Opportunity)이다.

크로노스의 시간을 살고 있는가. 카이로스의 시간을 살고 있
는가. 어쩌면 카이로스는 누구에게나 똑같이 나타나는지 모른
다. 그것을 잡는지, 안 잡는지의 차이만 있을 뿐이다. 수없이
내 앞을 지나는 기회를 잡는 것. 그것이 크로노스 속에서 카이
로스로 사는 것이다. 카이로스를 붙잡고 싶은가? 어서 잡아라.
지금 지나간다.

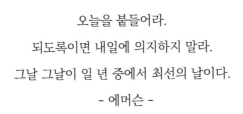

오늘을 붙들어라.
되도록이면 내일에 의지하지 말라.
그날 그날이 일 년 중에서 최선의 날이다.

- 에머슨 -

죽음을
기억하라

가끔 종합병원에 간다. 그곳엔 다양한 환자들이 있다. 목발로 몸을 지탱하는 사람도 있고, 붕대로 한쪽 팔을 감은 사람도 있다. 휠체어로 힘겹게 몸을 움직이는 환자도 있다. 사람이 많이 다니는 병원 복도에서는 침대에 누워 있는 환자를 볼 수 있다. 아마 수술실이나 검사실로 가는 중일 텐데, 이들은 스스로 움직일 수 없다. 바퀴 달린 침대에 누운 환자를 간호사가 밀고 간다. 대개 빼빼 마르신 환자의 모습을 보면, 전혀 모르는 사람이지만 측은하다. 내 나이보다 훨씬 젊은 환자를 볼 때면 더욱 안타깝게 느껴진다. 그래서인지 병원에 다녀오면 잠시나마 겸허해진다.

메멘토 모리(Memento Mori)

우리는 모두 죽는다. 그것을 모르는 사람은 없다. 하지만 내일 죽음이 닥칠 것처럼 생각하는 사람은 드물다. '언젠가는 죽겠지.'라며 죽음과 무관하다고 여기고 살아간다. 그러다가 죽음에 대한 인식이 급격히 찾아올 때가 있다. 가족이나 친구가 죽을 때이다. 죽음이 결코 남의 이야기가 아니었음을 비로소 깨닫는다.

'메멘토 모리'(Memento mori)라는 말이 있다. "죽음을 기억하라.", "너는 반드시 죽는다." 또는 "네가 죽을 것을 기억하라."라는 뜻의 라틴어이다. 옛날 로마에서는 전쟁에서 승리를 거두면 전쟁을 이끈 장군이 시가행진을 했다. 위풍당당하게 장군은 고개를 들고, 사람들은 그에게 최고의 찬사를 보냈다. 그런데 행렬 뒤에서는 사뭇 신기한 장관이 펼쳐진다. 노예들이 큰소리로 무언가를 계속 외치는 것이다. "메멘토 모리!"

최고의 날에 장군은 왜 그런 말을 들어야만 했을까? 정확한 것은 아니지만 "전쟁에서 승리했다고 너무 우쭐대지 말라. 오늘은 개선장군이지만 너도 언젠가는 죽는다. 그러니 겸손하게 행동하라."라는 메시지를 전하는 것이다.

미술과 건축이 발달한 피렌체 시대. 산타 마리아 노벨라 성

당에는 〈성 삼위일체〉라는 그림이 있다. 마사초가 그린 이 그림은 십자가가 중앙에 서있고, 성 삼위인 성부, 성령, 성자가 있다. 십자가 좌우로 성모와 사도 요한이, 양쪽에는 그림 제작을 의뢰한 부부가 서있다. 제대 아래 무덤에는 해골이 누워 있다. 십자가 밑에 해골이라니. 생각만 해도 으스스하다. 해골 위에는 한 글귀가 적혀 있다. "나도 한때 당신이었다." 그림을 보고 있는 당신도 언젠가 죽을 것이라는 말 아닌가. 절로 겸허해진다.

죽음에는 여러 표현이 있다. 우선 '죽음'은 생물의 생명이 없어지는 현상을 말한다. 일반적인 정의라 할 수 있다. 사람이 죽을 때 사용하는 단어는 '사망'이다. 유명하거나 훌륭한 인물의 사망에는 '서거'나 '타계'를 쓴다. 죽음을 완곡하게 표현하는 말로는 '운명했다'라는 말을 쓰기도 한다. 영원히 잠든다는 뜻의 '영면'도 있다. 나는 죽음을 이렇게 표현하고 싶다. '더 이상 쓸 시간이 없다.'

여태까지는 내일이 존재했다. 오늘 너무 힘들어도 내일 쉬면 된다. 내일이 있으니까. 올해는 맘껏 놀더라도 계획을 잘 세워 내년에 열심히 살면 된다. 내년이 있으니까. 죽음은 그것이 용납이 안 된다. 내일이 없고 내년이 없는 것이다. 공부든, 노는 것이든, 먹는 것이든, 효도든, 쉬는 것이든 어떤 것도 할 수 없다. 무엇을 할 시간이 남아 있지 않은 것. 그것이 죽음이다. 사

후세계를 논할 수도 있겠지만 죽는다면 더는 아무것도 할 수 없다.

삶의 우선순위 정하기

"사람이 태어날 때는 순서가 있지만 갈 때는 없다."라는 말을 들어보았을 것이다. 과학기술이 급속도로 발달하여 100세 인생이라지만 결국 죽는 것이 우리네 인생이다. 한 치 앞도 알 수 없다. 내일, 아니 몇 시간 후를 정확히 예측하는 사람은 아무도 없다.

우리는 죽음을 기억해야 한다. 그렇다면 죽음을 기억한다는 것은 어떤 의미일까? 광신도처럼 집에 숨어서 세상의 마지막 날을 기다리는 것일까? 모든 순간을 언제 죽을지 모르는 두려움에 벌벌 떨며 사는 것일까?

만약 죽는 날을 미리 안다면 어떻게 살아갈까? 시간을 어떻게 써야 할까? 스티븐 코비는 시간 관리에 있어 '소중한 것을 먼저 하라'라고 말한다. 우선순위에 따라 계획하고 실행하라는 말이다. 우선순위는 어떻게 알 수 있을까? 대부분 사람이 어떤 활동을 결정할 때, 두 가지 요소를 기준으로 정한다고 코비는 말한다. '긴급성'과 '중요성'이다.

첫 번째는 긴급하고 중요한 일이다. 여기에는 긴급회의, 급박한 문제, 마감이 임박한 프로젝트, 돌발 상황이 포함된다. 두 번째는 긴급하지 않지만 중요한 일이다. 여기에는 계획 수립, 사고 예방, 미래를 위한 학습, 재충전, 삶의 가치관 및 비전 확립이 포함된다. 세 번째는 긴급하지만 중요하지 않은 일이다. 불필요한 보고 및 회의, 다른 사람의 사소한 일, 중요하지 않은 이메일, 사소한 SNS 등이다. 마지막은 긴급하지 않으면서 중요하지도 않은 일이다. 여기에는 인터넷 서핑, TV 시청, 지나친 휴식, 시간이 낭비되는 하찮은 일이 해당한다.

핵심 가치를 반영하라

첫 번째 시간 영역은 긴급하고 중요한 일이다. 이 영역을 어떻게 활용하느냐에 따라 직장생활이나 가정생활의 승패가 나뉜다. 회사의 중요한 업무를 대충 할 수 없다. 반드시 최선을 다해서 기한 내에 끝내야 한다. 그러지 못한다면 회사에 피해를 주게 된다. 자신의 역량에도 사람들은 의문을 가질 것이다. 갑자기 아이가 아프다면 어떤 일이 있더라도 당장 병원에 데려가야 한다. 조금이라도 늦게 데려간다면 병이 악화될 수 있다.

첫 번째 영역에 속한 것은 어떤 상황에서도 미뤄서는 안 된다. 가능한 한 빨리 그 일을 해야 한다. 이 일을 위해서는 다른 활동을 제쳐두어야 한다. 이 영역에 소홀하면 삶에 균형을 잃고 큰 피해를 보게 된다. 즉, 우선순위의 맨 상단에 놓아야 할 것은 첫 번째 시간 영역이다.

두 번째 시간 영역은 긴급하지 않지만 중요한 일이다. 긴급하지 않기에 미루게 된다. 그렇지만 이 영역에 시간을 확보하지 않으면 어떻게 될까? 정기적으로 건강 검진해야 하지만 자꾸 미룬다고 생각해 보라. 그러다가 나중에 큰 병이 난다면? 건강 검진을 미루어왔던 것을 후회할 것이다. 공부도 그렇다. 자격증 공부나 외국어 공부는 당장 오늘 하지 않아도 괜찮다. 몇 년이 지난 후 꾸준히 공부해 온 사람과 비교하면 어떨까? 그는 빨리 승진하고 나와는 다른 인생의 기회를 잡을 수도 있다. 공부를 미뤄왔기 때문에 나는 몇 년 전과 똑같은 삶을 살고 있을 것이다.

사람마다 중요하다고 생각하는 가치는 다를 것이다. 그 핵심 가치가 담긴 것이 바로 시간의 두 번째 영역이다. 나의 핵심 가치는 무엇인가? 건강에 가치를 둔다면 운동에 최우선순위를 두고 거기에 시간을 쏟을 것이다. 당장 하지 않아도 되지만 운동이 가치 있기에 미루지 않는 것이다. 일에 가치를 둘 수도 있다. 그는 야근도 마다하지 않고 일에 매달릴 것이다. 그만큼 일이 소중하기 때문이다. 미래의 진로에 우선순위를 둔다면, 외국어 공부와 자격증 공부를 틈나는 대로 해야 한다. 지금 하지 않으면 뒤처지고 진로에 영향을 미치기 때문이다. 가족에 가치를 둘 수도 있다. 아무리 바쁜 일이 있어도 부모님에게 주기적으로 연락하고 가족과 시간을 보낼 것이다.

시간을 잘 쓰는 방법이 여기 있다. 시간의 두 번째 영역인 긴급하지 않지만 중요한 일을 첫 번째 영역인 긴급하고 중요한 일처럼 생각하는 것이다. 특히 죽음을 앞둔 사람에게는 어떤 일이든 긴급할 것이다. 내일이 없다고 생각해 보라. 인생의 남은 날이 하루밖에 안 남은 것이다. 그 한정된 시간 속에서 내게 중요한 일을 미룰 수 없다.

나의 핵심 가치는 무엇일까? 그것을 긴급하고 중요한 일로 여겨야 한다. 어떤 일이 있어도 미루지 말고 그 가치에 맞는 행동을 해야 한다.

의미 있게 생각하라

세 번째 시간 영역은 긴급하지만 중요하지 않은 일이다. 이 영역은 어쩔 수 없는 경우가 많다. 불청객처럼 불쑥 찾아온다. 갑자기 원치 않던 회의가 열린다거나 참석하기 싫은 회식에 참석해야 한다. 중요한 프로젝트를 진행 중인데 상사가 자기 일을 시킬 때도 있다. 일도 많은데 다른 사람의 일을 맡기도 한다. 별로 가깝지 않은 지인의 경조사에 가야 할 수도 있다. 우리는 이런 상황을 자주 마주친다. 마음이 내키지는 않은데 시간을 내서 반드시 해야 한다. 이러한 상황에 놓일 때 어떻게 해야 할까?

뻔한 답이라 생각할 수 있겠지만, 중요하지 않은 일을 중요하다고 여기는 것이다. 중요하지 않다고 생각하면 일은 더 늦어지고 효율성도 떨어진다. 한마디로 그 일에 끌려 다니게 된다. 늦어지면 늦어질수록 더 하기 싫어질 것이다. 결국 일이 늦어져 내가 하고 싶은 일까지 못 하게 된다.

마음을 바꿔 먹는 것이 필요하다. 어쩔 수 없이 하게 된 일을 의미 있게 생각하는 것이다. '이 일에도 의미가 있겠지.'라고 생각하고 행동하자. 그러면 스트레스가 줄고 예전보다는 일을 빨리 처리할 것이다.

긴급하지만 중요하지 않은 일을 해야 할 때가 참 많다. 상황을 바꾸기도 힘들다. 거기에 자꾸 부정적으로 반응하다 보면 감정만 소모되고 일도 잘 진행되지 않는다. 조금이나마 마음을 긍정적으로 바꿔보자. 그러면 일도 잘 진행되고 이후에 비슷한 상황이 닥칠 때, 어떻게 행동할지에 대한 매뉴얼도 익힐 수 있다.

시간을 잘 관리하려면

마지막으로 시간의 네 번째 영역이다. 긴급하지 않으면서 중요하지도 않은 일이다. 하루 동안 스마트폰이나 TV, 인터넷에 사용하는 시간을 확인해 보라. 예상보다 훨씬 많을 것이다. 변명할지 모른다. "일하다가 잠깐 인터넷서핑 하는 것이 뭐 어째서.", "TV 보는 건 온종일 일과 사람에 지친 내게 주는 보상이야."

정도가 너무 지나치면 더 이상 쉼이 아니다. 오히려 독이다. 내 경우를 봐도 그렇다. 바쁘게 일하고 '잠깐 쉬자'는 마음으로 스마트폰을 켠다. SNS를 뒤적거리고, 인터넷 뉴스를 들여다보고, 동영상 몇 편 시청하면 어느새 한 시간이 훌쩍 지난다. TV를 볼 때도 그렇다. 잠깐 보려고 켰는데, 보다 보면 재미있어 쭉 보게 된다. 프로그램이 끝나면 또 다른 채널을 기웃거린다. 그러면 2-3시간이 훌쩍 지난다. 결국 늦게 잠자리에 들고, 다음날 힘겹게 일어나 헐레벌떡 하루를 시작한다. 이런 통계를 본 적이 있다. 사람이 평생 리모컨 찾는 시간을 조사해 보니 15일이란다. 마찬가지로 평생 SNS 하는 시간, 인터넷서핑 하는 시간, TV 보는 시간을 합산하면 얼마나 될까?

반복적인 말이지만 인생을 잘 산다는 건 결국 시간을 잘 쓰는 것이다. 아무리 인생의 중요한 계획을 세우고 열심히 노력할지라도 네 번째 시간 영역에 많은 시간을 쓴다면 어떻게 될까? 항아리에 금이 생기면 아무리 물을 부어도 다 빠져나간다. 그처럼 인생의 중요한 시간을 다 놓쳐 버릴 것이다.

어떻게 네 번째 시간 영역에서 벗어날 수 있을까? '중요하지 않은 일에 시간을 쏟지 말자'라고 결심할 수 있다. 의외로 지키기가 어렵다. 적극적으로 행동해야 한다. 인터넷과 TV 시간을 규제하자. 정해진 시간 외에는 쓰지 않는 것이다. 인터넷 억제 앱이나 TV 시청시간 제한 설정을 사용하는 것도 좋다. 아예 TV를 없애버리는 것도 좋은 방법이다.

인터넷이나 TV 외에 다른 취미를 갖는 것도 좋다. 시간을 버리는 것이 아니라 스트레스도 풀면서 효과적으로 시간을 쓸 수 있는 것을 찾아보자. 키덜트족에게 인기인 레고 만들기나 직소 퍼즐도 괜찮다. 가족이나 친구와 함께할 수 있는 것도 좋다. 누군가와 만날 때도 커피만 마시지 말고, 다양한 활동을 고민해 보자.

우리에게는 반드시 끝이 있다. 그것을 기억하는 게 중요하다. 정말 중요하게 생각하는 인생의 가치는 무엇일까? 그 가치에 따라 우선순위가 달라져 시간 사용의 질이 바뀔 것이다. 일생을 갉아먹는 시간은 없는지 냉철히 돌아보아야 한다. 낭비되는 시간을 창조의 시간으로 바꿔 가자. 내일이 반드시 있는가. 그렇지 않을 수도 있다. 하루하루를 끝이 있는 것처럼 살아가자. 메멘토 모리!

누구에게나 한 번은 닥쳐요…….
당신한테는 오늘, 지금, 여기에서인 거예요.
나한테도 일어날 일이에요.
나중에, 다른 곳에서.
당장은 아니길 바라지만.
- 베르나르 베르베르, 『죽음』

나의 북극성은
어디일까?

그리스 신화는 수천 년 전의 이야기이지만 지금도 많은 사람의 사랑을 받는다. 여러 이유가 있겠지만, 신화의 다양한 신과 인간을 통해 현재 우리 사회의 단면을 볼 수 있기 때문이다.

시시포스는 그리스 신화에 나오는 코린토스의 왕이다. 교활하고 못되며 지혜가 많기로 유명했다. 시시포스는 제우스의 분노로 저승에 가지만, 저승의 신 하데스를 속이고 장수를 누렸다. 하지만 저승에서 무거운 바위를 산 정상으로 밀어 올리는 형벌을 받는다. 산꼭대기에 도착하면 바위는 아래로 굴러 떨어진다. 시시포스는 다시 바위를 정상으로 올린다. 그는 이 고역을 영원히 되풀이해야 한다. 많은 예술가는 시시포스를 모델로 많은 작품을 만들었다. 그만큼 그의 모습이 강렬했기 때문이리라.

시시포스를 가만히 바라보면 이 시대 청년의 모습이 떠오른
다. 학자금 대출에 관한 뉴스를 보자. 2019년 학자금을 대출
한 대학생이 무려 46만여 명이란 통계가 나왔다. 이들이 대부
업체에서 빌린 돈은 약 5942억 원이다. 천문학적인 금액에 실
감이 안 난다. 설상가상으로 이들은 취업이 늦어지면서 소득이
없는 경우도 많다. 이들은 계속해서 학자금 대출을 갚아야 하
고, 심지어 집안의 빚을 넘겨받기도 한다.

이뿐만이 아니다. 어렵게 취업에 성공해도 결혼할 때가 되면
이들은 또다시 커다란 벽에 부딪힌다. 막대한 결혼비용 때문
이다. 결혼정보업체 듀오의 조사결과 신혼부부의 평균 결혼비
용은 7700만 원에 달했다(주택 자금 제외). 이중 평균 예식비
용 1800만 원을 제외한 5900만 원이 일명 스드메(스튜디오,
드레스, 메이크업)와 허니문, 혼수비용으로 쓰인다. 집을 마련
하는 것도 큰 문제다. 어쩔 수 없이 또다시 대출의 힘을 빌려야
한다. 아이가 태어나면 적지 않은 육아비가 필요하고, 아이가
커가면서 많은 사교육비가 들어간다. 이제부터는 목돈이 필요
하다.

재력 있는 부모가 해결해 주면 다행이지만, 대부분이 그러지
못한다. 사회에 진입하는 순간 부채가 생기고, 그것을 메꾸려
평생을 일해야 한다. 금 수저와 흙 수저로 대표되는 사회 양극

화도 심해지고 있음을 뼈저리게 체감한다.

이처럼 열심히 돈을 벌어도 그 돈은 대부분 은행으로 가고, 청년들은 대출금을 갚느라 헉헉댄다. 이런 청년의 모습이 시시포스와 겹쳐 온다. 아니, 시시포스보다 더 비참하다. 시시포스는 형벌이었지만 우리는 자연적으로 이런 삶을 살고 있으니까.

《사기》를 쓸 수 있었던 이유

중국 역사의 보고인 《사기》를 쓴 사람은 사마천이다. 아버지 사마담은 사마천에게 어린 시절부터 고전 문헌을 구해 읽도록 가르쳤다. 기원전 110년 아버지가 죽으면서 자신이 시작한 《사기》의 완성을 부탁했고, 사마천은 태사령이 되면서 황실에서 자료 수집을 시작했다. 기원전 104년 태초력 제정에 참여한 직후 그는 《사기》 저술에 본격적으로 착수했다. 그러나 그는 흉노의 포위 속에서 부득이하게 투항했던 이릉 장군을 변호하다 무제의 노여움을 사게 된다. 기원전 99년 사마천의 나이 48세 되던 해, 남자로서 가장 치욕스러운 궁형(생식기를 제거하는 형벌)을 받았다.

옥중에서도 사마천은 저술을 계속했으며, 황제의 신임을 회복하여 환관 최고위직인 중서령(문서를 다루는 직책)이 되었다. 환관 신분인 그는 사대부의 멸시를 받았으며 운신의 폭도 자유롭지 못했다. 이러한 어려움 속에서도 마침내 그는 《사기》

를 완성했다.

《사기》가 없었으면 광대한 중국 역사의 틀을 잡기 어려웠을 것이다. 우리가 쓰고 있는 와신상담, 다다익선, 토사구팽 등의 고사성어도 맛보지 못했을 것이다. 가히 중국뿐 아니라 인류의 문화유산이라 할만하다.

과연 사마천은 어떤 마음으로 《사기》를 쓴 것일까? 궁형은 극형 중의 극형이었다. 궁형을 받느니 죽음을 택했던 사람이 많았을 정도로 굴욕적인 벌이었다. 살아남는다고 해도 평생 치욕을 받아야 했다. 그런데도 사마천은 궁형을 택했다. 그의 회고가 담긴 〈보임안서〉에는 이런 기록이 남아있다.

"고통을 견디고 구차하게 목숨을 부지한 채 치욕을 마다하지 않은 것은 마음속에 아직 다 드러내지 못한 그 무엇이 남아 있기 때문이다. 하잘것없이 세상에서 사라져 후대에 내 문장이 드러나지 못하며 어찌할까 하는 한이 그것이다."

그에게는 비록 궁형을 받더라도, 평생 놀림감이 되더라도 살아야 할 이유가 있었다. 그에게는 살아서 반드시 해야 할 것이 있었다. 바로 《사기》를 완성하는 것이었다.

혹시 당신은 표류와 여행의 차이를 아는가? 어찌 보면 둘은 비슷하다. 때로는 멋진 광경도 보고 좋은 사람을 만난다. 하지만 길을 잃거나 곤경에 빠지기도 한다. 표류와 여행을 결정적으로 구분 짓는 것은 '목적지'이다. 목적지가 반드시 있는 것이 여행이다. 반면 표류는 목적지가 없다. 똑같이 고난을 겪어도 여행자는 수월하다. 반드시 가야 할 곳을 알기 때문이다. 표류자는 그렇지 않다. 언제 끝날지 모르는 고난 앞에서 낙망할 뿐이다. 가야 할 곳을 모르기 때문에.

나침반도, 지도도 없던 시대에 뱃사람이 망망대해를 지날 때 바라본 것은 다름 아닌 북극성이었다. 북극성의 위치에 따라 나의 위치가 확인되고 가야 할 곳을 알 수 있기 때문이다. 과연 우리가 찾아야 할 북극성은 무엇일까?(목표라고 부를 수도 있고, 꿈, 비전이라고 부를 수도 있다)

지금 힘든 상황에 빠져 있는가? 하루하루 지나도 삶은 더욱 팍팍해지고 희망이 없는가? 마치 시시포스처럼 평생 짐을 지고 살아가야 하는가? 이럴 때 찾아야 할 것이 북극성이다. 나의 목표가, 꿈이 무엇인지 묻는 것이다.

'나는 이런 꿈이 있었지. 나의 살아갈 목표는 이것이었지.' 다시금 나를 일깨우는 것이다. 목표가 확실한 사람은 다르다.

눈빛이 다르고 행동이 다르다. 지금 하는 일이 별 볼 일 없어 보일지라도 이를 꽉 물고 해낸다. 그에게는 이루어야 할 목표가, 꿈이 있기 때문이다.

인생의 목적지가 뚜렷한 사람은 외부 환경에 크게 영향을 받지 않으며 매일 반복되는 지루한 일상을 묵묵히 이겨낼 수 있다. 선택의 순간에도 가야 할 방향을 알기에 비교적 손쉬운 의사 결정이 가능하다. 그리고 무엇보다 역경 앞에서 자신을 보호하고 통제할 수 있다. – 채지희, 『버려진 시간의 힘』

얼마 전 나도 목표의 힘을 체험했다. 코로나-19로 도서관이 휴관하여 예전에 봤던 책을 다시 보았다. 『아웃라이어』를 읽었는데, 책 중간에 연필로 쓴 것이 있었다. "2020년 1000권." 책을 읽었던 것이 2010년이었으니, 10년 동안 1000권의 책을 읽겠다는 각오를 쓴 것이었다. 그때는 책을 많이 읽을 때도 아니었고 어렸을 때의 치기로 1000권을 목표로 잡았던 것 같다.

그때 이후로 1년에 100권 이상은 읽겠다고 목표를 세웠고, 조금씩 독서량이 늘어났다. 순간 호기심에 그때부터 지금 (2020년 3월)까지 읽은 책을 헤아렸다. 1346권이었다. 346권이나 더 읽은 것이다. 물론 그 책들을 모두 정독하지 않았고, 대충 읽은 책도 많다. 다독이 무조건 좋은 것도 아니다. 그렇지만 그동안 책을 읽어왔기에 내 삶이 풍요로워진 것은 부인할 수 없다. 책이 내 인생을 변화시킨 것이다. 1000권을 읽겠다는 목표가 없었으면 그렇게 책을 읽지 못했을 것이다.

지금은 새로운 목표가 생겼다. 글을 통해 사람들에게 도움이 되는 삶을 살자는 것이다. 목표가 있기에 시간을 알차게 쓰려 한다. 예전에는 쉬는 시간이 생기면 마냥 쉬었다. 목표가 생긴 이후에는 달라졌다. 자투리 시간에 글을 쓰고 책을 읽었다. 목표가 생기니 삶의 질이 달라진 것이다.

목표를 시각화하라

목표가 중요하다는 사실은 자명하다. 문제는 자꾸 목표를 까먹는 데 있다. 목표대로 살고 싶은데 자꾸만 미뤄지는 것이다. 급하게 해야 할 일 때문에, 숨 가쁘게 흘러가는 일상 때문에. 이때 필요한 것이 목표를 시각화하는 것이다. 선풍적인 인기를 끌었던 〈응답하라 1988〉는 옛날 우리들의 모습을 잘 보여준다. 그런 드라마에 꼭 들어가는 장면이 있다. 수험생이나 취업 준비생이 원하는 대학이나 회사에 가기 위해 열심히 공부하는 모습이다. 머리에 흰 띠를 하고서. 책상 위에는 종이가 붙어 있다. '대학 합격', '취업 꼭 하자!' 등의 문구. 매일 그것을 보며 전의를 다지는 것이다.

스마트폰 배경화면에 짧은 글을 써 놓은 사람이 많다. '행복하자', '오늘 하루도 파이팅', '사랑하는 가족을 생각하며'….

이것 역시 목표를 자신에게 매일 확인시키는 것이다. SNS 프로필에도 이런 바람을 나타낸다. 자신이 어떤 사람이라는 것을 다른 사람에게도 알리는 것이다. 이런 사람으로 살고 싶다는 소망을 표현한 것이다.

사람은 선천적으로 시각에 약하다. 무엇을 보면 무의식적으로 그것에 대해 생각하게 된다. 잠깐 본 것도 기억에 오래 남는 경우가 많다. 목표 역시 마찬가지다. 스마트폰을 볼 때마다 우리는 목표를 보게 된다. 거의 인식도 못 할 만큼 찰나이지만 그 순간 우리의 뇌는 목표를 보고 잠깐이나마 기억하는 것이다. '아, 나의 목표가 이것이었지….'

정렬이 필요할 때

자동차를 운전하다 보면 여러 가지 사고의 위험이 있다. 사고를 예비하는 방법은 평소에 잘 정비하는 것이다. 그중 차륜 정렬이 있다. 흔히 휠 얼라이먼트라고 부르는데, 타이어의 정렬을 잡아주는 것이다. 차륜이 틀어지면 안전성과 주행성이 떨어지고 타이어 수명도 짧아진다. 그렇기에 차륜정렬은 꼭 필요한 점검 중 하나이다.

우리 인생에도 '정렬'이 필요할 때가 있다. 바쁘게 살다 보면, '과연 내가 올바르게 가고 있나? 나는 제대로 살고 있나?'

하는 것을 망각하기 쉽다. 그저 하루하루 살기에 급급하기 때문이다. 나의 생활을 돌아볼 때, 목표와 어긋나 있다면 나의 삶을 다시금 조정해야 한다. 그래야만 올바른 목표를 향해 갈 수 있다.

혹은 세운 목표를 향해 열심히 살아가다가, '목표가 잘못된 거 아니야?'라고 생각할 때가 있다. 그럴 때는 목표를 찬찬히 점검해 보고, 과감히 목표를 수정해야 한다.

정기적으로 우리는 삶을 정렬해야 한다. 일상에서 벗어나 조용히 나를 관찰하고 미래를 설계하자. 일주일에 한 번이나 한 달에 한 번이라도 내가 올바로 살아가고 있는지 돌아보는 시간이 꼭 필요하다. 특히 결혼이나 취업, 창업 등의 인생의 큰 문제 앞에서는 더 오랜 시간이 필요하다. 감정과 상황에만 이끌려 결정한다면, 인생의 많은 시간을 허비하고 후회할 수 있기 때문이다.

바쁘고 분주한 삶이다. 그렇지만 잠시 모든 것을 내려놓자. 그리고 나의 삶을 찬찬히 살펴보자. 과연 내 인생에 정렬해야 할 부분은 없는가? 있다면 새로 정렬하고 삶을 재정비하자.

작은 목표라도

평생 이루어 가야 할 큰 목표가 있지만, 매일 이루어야 할 작은 목표도 많다. 우리가 하루에 하는 업무는 다양하다. 그날 끝내야 하는 일도 있고, 다음 주에 끝내야 하는 일도 있다. 혼자 하는 일도 있고, 다른 사람과의 협업도 있다. 업무 외에 개인적인 일도 많다. 챙겨야 할 경조사, 은행 업무, 개인 취미 활동…. 이것들을 조화롭게 해나가는 것이 시간 사용의 핵심일 것이다.

다양한 업무를 균형 있게 할 수 있게 도와주는 것이 'To Do List'(해야 할 일 리스트)이다. 다이어리나 스마트폰에 해야 할 일을 쭉 적는다. 생각나는 대로 뒤죽박죽 적는 게 아니라, 우선순위에 따라 적어야 한다. 그날 꼭 해야 할 일을 맨 위에 적고, 우선순위에 따라 적는 것이다. 자연히 맨 아래는 그날 꼭 안 해도 되는 일이 적힐 것이다.

해야 할 일을 쓰면서 뇌는 무엇이 중요하고 덜 중요한지 인식한다. 리스트를 제일 잘 보이는 곳(책상 위나 컴퓨터 앞)에 두는 것이 좋다. 하루에 수십 수백 번씩 리스트를 볼 때마다 무엇이라도 해야겠다는 생각이 들기 때문이다. 한 가지 일을 마쳤을 때 그 항목을 지우면 된다. 지우는 쾌감이 쏠쏠하다. 게임에서 미션을 수행했을 때의 느낌이랄까.

제대로 된 To Do List는 더 짧은 시간에 더 많은 일을 끝내게 해준다. 여기서 중요한 건, '정말 해야 할 일'을 하게 해준다는 것이다. 생산적이라 함은 긴 작업 리스트를 해치운다는 말이 아니다. 항상 바쁘게 일하는 것과도 상관없다. 그것은 목표를 달성하는 데 도움이 될 가치 높은 활동에 집중하는 것을 의미한다. - 데이먼 자하리어즈, 『목표를 이뤄내는 기술, TO DO LIST』

TV에서는 불행한 뉴스만 들리는 듯하다. 마치 그 뉴스가 나를 포함하는 것만 같다. 그럴 때 필요한 것은 우리의 북극성을 찾아보는 것이다. 현실의 무게 때문에 어렸을 때의 꿈을 잃어버렸는가? 다시금 그 꿈을 떠올려 보자. 나의 꿈과 사명을 기억하고, 매일매일 닥치는 크고 작은 풍랑 속에서 희망의 닻을 올려 보자. 힘들고 공허한 삶에서도 버티고 살아남아야 하는 이유는 누구나 있다. 그것을 기억하며 오늘 하루 힘을 내자. 나의 북극성은 어디일까?

나는 알고 있다.
간절하게 길을 찾는 사람은 이미
그 마음속에 자신만의 별의 지도가 빛나고 있음을.
나는 믿는다. 진정한 나를 찾아 좋은 삶 쪽으로
나아가려는 사람에게는 분명, 다른 길이 있다.

- 박노해, 『다른 길』

습관이
인생을
만든다

운전할 때 껌을 씹는다. 점심 식사 후에 커피를 마신다. 글을 쓰기 전에는 인터넷 뉴스를 확인한다. 긴장할 때는 양손 주먹을 꽉 쥔다. 요즘 내가 즐겨하는 행동이다. 특별한 이유는 없다. '이 행동을 해야지'라는 생각을 하지 않더라도 어느새 하게 된다. 즉, 이것들은 나의 습관이라 할 수 있다.

어떤 행위를 오랫동안 되풀이하는 과정에서 저절로 익혀진 행동 방식. 이것이 습관의 정의이다. 습관이 없는 사람은 없다. 아침에 일어날 때부터 잠자리에 들 때까지 우리는 여러 습관을 반복하며 살아간다. 습관을 별것 아니라고 생각할지 모른다. 그렇지만 습관은 단순한 행동이 아니다. 매일 반복적으로 똑같은 행동을 하는 것이 습관이다. 그 행동이 의미 있고 내게 도움이 된다면, 좋은 습관일 것이다. 반대의 경우는 어떨까?

아리스토텔레스는 이렇게 말했다.

"우리가 반복하는 것이 우리 자신이다. 그렇다면 탁월함은 행동이 아닌 습관이다."

습관이 쌓여 나의 하루를 만든다. 그 하루가 쌓이다 보면 나의 삶을 이룬다. 습관은 결국 나를 만드는 것이다. 그렇기에 습관은 중요하고, 한편으로는 무서운 것이다.

시간은 성공과 실패 사이의 간격을 벌려놓는다. 우리가 어디에 시간을 들였든 그것은 복리로 증가한다. 좋은 습관은 시간을 내 편으로 만들지만 나쁜 습관은 시간을 적으로 만든다. 습관은 양날의 검이다. 좋은 습관은 우리를 성장시키지만 나쁜 습관은 우리를 쓰러뜨린다. 그래서 매일 하는 일들 하나하나가 중요하다. - 제임스 클리어, 『작은 습관의 힘』

나는 유튜브 영상을 많이 찾아본다. 5분에서 10분, 길어봤자 20분이니 큰 부담 없이 본다. 식사 후, 일하다가 짬이 날 때 본다. 재미있는 영상을 발견하면, 채널의 다른 영상까지 찾아본다. 이후 무엇에 홀린 듯 몇 편 더 본다. 한 시간이 후딱 지나간다. "너무 많이 봤네."라면서 그때야 스마트폰을 끄지만, 다음

날도 마찬가지로 또 본다. 이미 영상 보는 게 습관이 되었기 때문이다.

많은 사람이 새해를 맞이하여 계획을 세운다. 책 몇 권 읽기, 담배 끊기, 다이어트하기, 일찍 일어나기…. 계획대로 잘 이루어지지 않는다. 며칠 하다가 원래의 생활습관으로 돌아가기 일쑤이다. 사람은 변하지 않는다는 말이 있다. 정말 그런 것일까? 습관 하나 바꾸는 것뿐인데, 왜 이렇게 어려울까?

매일 하라 →

지난 400년간 위대한 창조자로 손꼽히는 소설가, 철학자, 작곡가, 건축가, 과학자, 화가, 영화감독은 어떻게 하루를 보내고 어떻게 작업했을까? 그 대답을 『리추얼』이라는 책에서 찾을 수 있다. 리추얼은 하루를 종교적 의례처럼 여기는 엄격한 태도이자, 일상의 방해로부터 나를 지키는 유용한 도구를 뜻한다. 삶의 에너지를 불어넣는 반복적 행위를 의미하기도 한다.

"10시부터 11시까지 책을 읽고, 11시부터 오후 2시까지는 글을 씁니다. 점심 식사를 하고 나서 다시 3시 30분까지 책을 읽습니다. 그 후에는 5시까지 숲을 산책하거나 호수에서 낚시를 합니다. 그리고 7시까지 편지를 쓰거나 잠깐 작업한 후에 저녁 식사를 위해 외출합니다." - 메이슨 커리 『리추얼』

아일랜드의 시인 예이츠의 일상이다. 세계적인 시인이라고 하기엔 특별할 것 없는 일상을 보냈다. 다른 예술가들은 어땠을까? 『양철북』의 작가 귄터 그라스는 오전 9시부터 10시까지 글을 읽고 음악을 들으면서 아침 식사를 느긋하게 했다. 무라카미 하루키는 새벽 4시에 일어나서 대여섯 시간을 쉬지 않고 글 쓴다. 오후에는 달리기나 수영을 하고, 저녁 9시에는 잠자리에 든다. 영화감독 데이빗 린치는 아침과 오후에 각각 20분 정도 명상하고 일을 시작했다. 안무가 발란친은 새벽 6시 전에 일어나 차를 끓였고, 그날 입을 옷을 직접 다리미질했다.

이들은 누가 시키지 않아도 매일 반복된 행동을 했다. 굳이 인식하지 않더라도 같은 시간에 같은 행동을 한 것이다. 글이 써지지 않아도, 악상이 떠오르지 않아도, 그림이 그려지지 않아도 그 자리에 있었다. 그것이 그들을 세계적인 예술가로 만들었다. 습관을 바꿀 수 있는 기본적인 방법이 여기 있다. 습관으로 삼고 싶은 행동을 매일 하는 것이다.

습관으로 만들려면

아침에 운동하기를 습관으로 잡는다고 하자. 계획한 대로 아침에 운동하다가 삼일쯤 지나면 위기가 온다. 전날 야근을 해서 늦게 잠들면 아침에 타협하는 것이다. '일주일에 벌써 삼 일이나 운동했으니 오늘은 쉬어도 되겠지.' 문제는 이런 상황이 계속 온다는 것이다. 전날 야근했거나 야식을 먹으면 아침에 일어나기 힘들다. 그럴 때마다 타협한다. 그것이 계속되면, 아침에 운동하는 것이 점점 어려워진다. 결국 습관이 되지 못한다.

어떤 행동을 습관으로 만들려면, 그 행동을 하루의 최우선순위로 두어야 한다. 갑작스러운 변수가 생기더라도 그 행동을 반드시 해야 한다. 한 달 정도 꾸준히 하면 뇌도 인식한다. '이 행동이 정말 중요한 것이구나.' 그때가 되면 별로 의식하지 않더라도 행동한다. 습관이 되었기 때문이다.

일찍 일어나기 위해 스마트폰을 머리맡에 두었던 적이 있을 것이다. 첫날엔 어떤가. 시끄러운 알람이 듣기 싫고, 어쩔 수 없이 일어난다. 일어나지 못하는 경우도 많다. 며칠 지나면 일어나는 것이 조금 쉬워진다. 알람이 들려도 갈등 없이 일어날 수 있다. 시간이 더 지나면 어떤가. 알람도 필요 없다. 일어날 시간이 되면 저절로 눈이 떠지는 것이다. 습관의 힘이다.

습관 만들기나 목표 달성을 위한 앱도 많다. 앱을 활용하면 자신의 노력을 실시간으로 볼 수 있다. 며칠 동안 그 행동을 했는지 확인할 수 있다. 행동을 못 한 날은 왜 못했는지 분석할 수도 있다. 일주일, 혹은 한 달 동안 행동을 계속했을 때는 보상을 주어도 좋다. 목표를 달성했을 때 평소에 갖고 싶었던 것을 자신에게 선물로 주는 것이다.

오늘 하라

　　→

혹시 고장 난 물건이 있는가. 매일 쓰는 물건이라면 당장 고칠 것이다. 고치기 힘들면 전문 업체에 맡겨서라도 고친다. 별로 쓰지 않는 물건이라면 어떻겠는가. 대부분이 미룬다. "에이, 나중에 고치지." 머피의 법칙처럼 갑자기 그것을 써야 할 때가 온다. 고쳐놓지 않아서 쓰지 못했다면, 쓰지 못해 손해를 봐야 했다면 어떨까? 처음 고장 났을 때 당장 고치지 못한 것을 후회할 것이다.

사람들은 언제나 자신에게 유리한 방향으로 계획을 세운다. 그것이 나쁘다는 것이 아니다. 문제는 습관을 만들 때도 그렇다는 점이다. 영어의 필요가 생겨 영어 공부를 한다고 하자. 지금은 일이 많아서 다음 달부터 시작할 것이라 말한다. 다음 달에는 또 다른 일이 기다릴 것이다. 영어 공부는 계속 미뤄질 뿐이다. 우스갯소리로 하는 말이 있다. 맛있는 음식을 앞에 두고, "다이어트는 내일부터." 이 말은 여러 가지로 통용된다. "운동은 내일부터", "공부는 내년부터", "걷기는 다음 달부터"

삶은 우리의 첫 생각부터 마지막 생각까지 무수한 순간으로 이루어져 있다. 하지만 지금 이 순간이야말로 우리 인생의 전부나 다름없다. – 맥스 맥케온, 『나우이스트』

습관으로 하려는 행동을 여러 가지 이유로 미룰 수 있다. 그렇지만 오늘 못 하면 내일 할 수 있다는 보장은 없다. 아니, 더 힘들다. "어제도 못했는데 오늘도 못했네. 내일 하지 뭐." 하고 자연스레 미룬다. 이게 지속되면 오히려 미루는 것이 습관이 된다. '작년에도 못했는데, 올해도 또 미뤄야겠네.' 자꾸 미루는 것이다.

"내가 사는 오늘은 어제 죽은 이가 그토록 살기 원했던 내일이다." 아마 들어봤던 말일 것이다. 우리 인생이 내년까지 있다고 여유롭게 생각하지 말고, 오늘밖에 없는 것처럼 생각하자. 행동할 수 있는 유일한 시간은 바로 지금이다.

작은 것부터 하라

새해 계획 성공확률이 얼마나 되는지 아는가? 미국 UCLA 의과대학 연구팀에 따르면 연초에 세운 계획이 성공할 확률은 8% 수준이다. 실패하는 92% 중 25%는 일주일도 실천하지 못한 채 포기한다고 한다. 로버트 마우어 교수(UCLA 임상심리학)에 따르면 이미 습관화된 일을 급진적으로 바꾸려 할 때 뇌는 거부반응을 일으킨다고 한다. 갑작스러운 변화를 위협으로 받아들여 방어태세에 들어가는 것이다. 예를 들어 갑작스럽게 맹수를 마주하게 된다면 본능적으로 숨을 곳을 찾아 도망친다. 이를 방어 본능이라 하는데 이 본능은 인간의 뇌를 지배하고 있다.

때문에 우리가 평소 하지 않던 공부를 하거나 급하게 술과 담배를 끊으면 어떤 현상이 일어날까? 이런 행동을 뇌는 위협으로 입력하는 것이다. 그리고는 뇌는 방어 반응을 작동한다. 성공하는 8% 안에 들고 싶다면 방어 반응이 작동하지 않는 선에서 변화해야 한다. 뇌가 상황의 변화를 인지하지 못할 정도로 가볍고 작게 시작하는 방법이 필요하다. 이를 스몰 스텝(Small Step) 전략이라고 한다.

습관을 한 번에 바꾸기는 어렵다. 조금씩 시도해보는 건 어떨까? 하루에 유튜브 영상을 10개 봤다면, 오늘은 7개만 보는 것이다. 다음 주는 5개로 조금씩 변화를 주는 것이다. 한 시간 운동하는 것이 힘들다면, 처음에는 10분만 운동하고, 조금씩 운동량을 늘리는 것이다.

꾸준히 스몰 스텝을 지키는 사람이 있다. 『스몰 스텝』이라는 책을 쓴 박요철 작가이다. 그는 평범한 40대로 살던 어느 날, 남다른 삶에 대해 고민했다. 일 년에 백 권씩 자기계발서를 섭렵하고 성공을 위해 밤낮으로 애썼다. 그렇지만 돌아오는 건 좌절과 실패뿐이었다. 그는 다른 사람이 재단하는 삶이 아닌 자신이 원하는 삶을 살고 싶었다. 그래서 그가 시작한 것이 스몰 스텝이다.

남들이 열광하는 것이 아닌 내가 좋아하는 것을 찾고 싶었다. 그것을 찾기 위해서는 거창한 계획이나 또 다른 자기계발이 아닌 작지만 쉽게 성취감을 느낄 수 있는 뭔가가 필요했다. - 박요철, 『스몰 스텝』

그의 스몰 스텝은 어떻게 보면 단순하다. 하루 10분 일찍 기상, 하루 30분 산책, 하루 시 한 편 읽기, 낯선 이에게 인사하기, 가계부 쓰기, 하루에 세 줄 일기 쓰기…. "그게 전부야? 그건 누구나 할 수 있잖아?"라고 반문할지 모른다. 문제는 실제로 하나 안 하냐에 달려 있다. 한 가지 더 단서를 붙인다면 꾸준히 하는 것이다. 그는 실제로 스몰 스텝을 했다. 3년 동안 매일 스몰 스텝을 실천했다. 그 결과 하루하루를 살아갈 힘을 되찾았다. 지금은 스몰 스텝을 통해 배운 삶의 비밀을 글과 강의로 활발히 전한다.

진짜 주인으로 사는 삶은 자신이 원하는 삶을 살기 위해 자신이 원하지 않는 삶으로부터 벗어나는 것이 아닐까. 그런 삶은 아주 작은 일상에서부터 시작되어야 한다. 나의 의지로 하루를 계획하고 나의 노력으로 그 하루의 작은 계획들을 실천해가며 내가 내린 결정들의 열매와 쓴맛의 경험을 쌓아가는 것, 그것이 한 번뿐인 인생에 대한 예의가 아닐까? - 박요철, 『스몰 스텝』

나도 이 책을 쓰면서 좋은 습관을 만들려고 노력했다. 하루에 30분 이상 걷기, 책의 좋은 구절 타이핑하기, 집에서는 웬만하면 스마트폰 하지 않기, 일주일에 한 번은 가족들과 보드게임하기···. 쉬울 것 같지만 그렇지는 않았다. 머리로는 행동하려 했지만, 자꾸 예전 습관을 하곤 했다.

행동할 때와 안 할 때는 분명 다르다. 하기 전까지는 힘들지만, 하고 나면 '잘 했다'라는 생각이 든다. 좋은 습관을 만든다는 것은 쉽지 않다. 그렇지만 꾸준히 좋은 습관을 시도해보자. 습관이 조금씩 당신의 삶을 바꿔 갈 것이다. 나의 습관이 나의 인생을 결정한다. 그 시작은 바로 지금이다.

오늘의 나를 있게 한 것은
우리 마을 도서관이었고,
하버드 졸업장보다 소중한 것이
독서하는 습관이다."

- 빌 게이츠

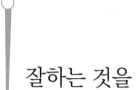

잘하는 것을
하라

최근 감명 깊게 읽은 소설이 있다. 『두 늙은 여자』이다. 75
세의 '사'와 80세의 '칙디야크'가 주인공으로 이들은 알래스카
극지방 유목민이다. 유목민은 항상 무리를 지어 생활한다. 혼
자서는 생존할 수 없기 때문이다. 무시무시한 강추위가 찾아
왔다. 추위와 배고픔에 지친 유목민들은 아이디어를 낸다. 족
장이 대표로 말한다. "우리는 나이든 사람들을 두고 가지 않을
수 없소."

사와 칙디야크 에게는 청천벽력과도 같은 말이었다. 잘 걸을
수 없고, 사냥도 못 하고, 불도 잘 못 피우는데…. 이들은 누군
가의 도움이 절대적으로 필요하다. 그런데도 매몰차게 이들을
두고 떠난다는 것이다. 결국 이들은 버려졌다. 매서운 추위와

버림받은 배신감 속에서 이들은 이렇게 외친다.

"그래, 사람들은 우리에게 죽음을 선고했어! 그들은 우리가 너무 늙어서 아무 짝에도 쓸모가 없다고 여기지. 우리 역시 지난날 열심히 일했고 살 권리가 있다는 것을 그들은 잊어버렸어! 그래서 지금 내가 이런 말을 하는 거야, 친구야. 어차피 죽을 거라면 뭔가 해보고 죽자고. 가만히 앉아서 죽음을 기다릴 게 아니라 말이야." – 벨마 윌리스, 『두 늙은 여자』

사와 칙디야크는 뭐라도 해야 했다. 이들은 나뭇가지를 모아 모닥불을 피우고, 쓰러진 나무에서 떼어낸 이끼를 불 위에 던졌다. 가죽끈을 잘라내 올가미도 만들었다. 누군가가 대신 해주었던 일을 이젠 이들이 직접 했다. 직접 하다 보니 어린 시절부터 배워온 기술이 생각났다. 눈신발도 만들고, 얼음강도 건넜다. 물고기도 잡았다. 토끼털로 모자와 장갑도 만들었다. 결국 이들은 생존했다. 매서운 추위 속에서 이들은 살아남은 것이다. 어떻게 살아남았을까?

이들은 어렸을 때부터 해왔던 것을 묵묵히 할 뿐이었다. 다른 말로 하자면, 자신이 제일 잘 하는 것을 했다. 할 수 없는 것에 몰두하기보다 자신이 잘 하는 일을 했다. 그로 인해 그들은 생존할 수 있었다.

시간의 가치를 심는다

누군가 나를 버린 것처럼 느껴질 때가 있다. 매일 숨 쉴 틈도 없이 일하는데 나만 일이 안 풀릴 수도 있다. 수십 년 일하던 곳에서 갑자기 해고당하기도 한다. 가족 같은 친구에게 뒤통수를 제대로 맞을 수 있다. 이럴 때 "아무것도 할 수 없어!"라 되뇌며 하릴없이 시간을 보내진 않는가. 어쩌면 우리는 소설 속 늙은 여인들처럼 서릿발 치는 허허벌판에 살고 있는지 모른다. 이런 상황에서 어떻게 살아야 할까?

내가 잘하는 것은 무엇인가

가끔 우리는 자신의 처지에 너무 빠져 살아간다. 나의 조건, 나의 처지, 나의 위치…. 물론, 현실적이라 말할 수도 있다. 현실을 모른 체하고 살아간다는 건 『돈키호테』 같은 소설 속에서나 일어나는 일이니까. 그렇지만 자신의 상황에 너무 몰입하는 건 문제가 있다.

다른 사람의 눈에 들기 위해서 살아갈 때도 있다. 자신이 좋아하는 일을 하는 것은 사치라고 생각하고 열심히 일만 하는 것이다. 이런 사람에게 시간은 어떤 의미일까? 매일 일어나는 게 곤욕일 것이다. 원하는 일을 하지 못하는 하루가 시작되는 것이니까. 도무지 힘이 안 난다. 종일 남에게 끌려 다니다 잠자리에 든다. 밝은 내일을 기대하기보단 하루 버렸다는 걸 다행으로 여기고 잠이 들 것이다. 얼마나 고단한 삶인가.

나는 프로야구를 좋아한다. 좋아하는 팀이 아닌데도 호감이 가는 선수가 몇 명 있다. 두산 베어스의 유희관 투수가 대표적이다. 그의 2019년 성적은 166.1이닝, 64K, 11승 8패, 방어율(ERA) 3.25이다. 에이스급이라 부를 수 있을 것이다. 게다가 팀 사상 처음으로 7년 연속 10승을 기록했다.

그에게는 놀라운 사실이 있다. 강속구 투수가 아니라는 것이다. 유희관의 최고 구속은 시속 133km로 웬만한 투수의 변화구 속도다. 신체조건이 좋은 중고등학생 선수보다도 떨어진다. 아무리 생각해도 150km 정도를 던지는 선수가 즐비한 프로야구에서 살아남기 어렵다.

유희관 투수에겐 속도 외의 다른 무기가 있다. 바로 제구력이다. 스트라이크존을 살짝 걸치는 코스로 공을 집어넣는다. 또한 타자가 예상하지 못하는 변화구를 집어넣어 삼진을 잡는다. 그의 완벽한 제구력에 타자들은 놀란다. 이런 제구력으로 그는 거친 프로야구에서 일류 선수로 살아남을 수 있었다.

과연 그가 계속 구속에만 초점을 두었다면 어떤 결과가 나왔을까? 구속은 늘었을지 몰라도 140km 안 되는 공을 타자들은 쉽게 쳐냈을 것이다. 유희관은 속도 대신 제구력을 택했다. 속도로는 안 되는 것을 알았기에 제구력으로 승부를 걸었던 것이다. 그가 얼마나 제구력 연습을 했겠는가. 느린 구속을 보완하기 위해 얼마나 노력했겠는가. 그는 자신이 제일 잘 하는 것을 택했다.

춘추전국시대의 맹상군은 자신을 찾아오는 인물이라면 출신과 신분에 관계없이 누구라도 받아들였다. 심지어 개 도둑 출신과 닭 울음소리를 잘 내는 식객까지 받아들였다. 다른 식객은 눈살을 찌푸렸지만, 맹상군은 아랑곳하지 않았다. 어느 날 강대국인 진 소왕이 맹상군을 초청했다. 말이 초청이지 소환이나 마찬가지였다. 이에 맹상군은 여러 식객과 함께 진나라에 갔다. 진나라에 머문 지 오래되었지만 맹상군 일행은 풀려나지 못했다.

위기의식을 느낀 맹상군 일행은 탈출하기 위해 꾀를 냈다. 소왕의 애첩에게 뇌물을 주고 소왕을 설득하고자 한 것이다. 그러자 애첩은 여우 가죽으로 만든 귀한 '호백구'란 옷을 요구했다. 그러나 맹상군이 진나라에 올 때 가지고 온 그 옷은 이미 소왕에게 바친 후였다. 개 도둑 출신 식객이 말했다. "제가 호백구를 훔쳐 오겠습니다." 그날 밤 그는 소왕의 침전으로 들어 호백구를 훔쳐 왔고, 맹상군은 그 옷을 애첩에게 바친 후 겨우 탈출할 수 있었다.

객사를 나온 맹상군 일행은 한시바삐 진나라를 벗어나기 위해 국경으로 향했다. 그들이 국경에 도착했을 무렵은 아직 동이 트기 전이었다. 당연히 국경 관문은 열리지 않았고, 맹상군 일행은 조바심을 내며 관문이 열리기를 기다렸다. 뒤에서는 진나라 군사가 쫓아오고 문은 열리지 않는 그때, 식객 하나가 닭 울음소리를 냈다. 동네 닭들이 이에 호응이라도 하듯 울어댔다. 이 소리를 들은 경비병들은 날이 샜다고 여겨 관문을 열었다. 결국 맹상군 일행은 진나라를 벗어나 목숨을 구할 수 있었다. 여기에서 나온 고사성어가 '계명구도'이다. '하잘것없는 재주라도 쓸모가 있다'라는 의미이다.

이렇게 말할지 모른다. "아무리 찾아봐도 나는 잘 하는 게 없어." 타인의 장점은 커 보이는데, 내 장점은 별로인 것 같다. 계명구도의 이야기를 곱씹어 보라. 닭 울음소리를 잘 내고, 도둑질 잘 하는 것. 아무리 생각해도 재주라 할 수 없다. 오히려 요상한 짓이라며 손가락질 안 하면 다행이다. 그렇지만 이 재주가 사람의 목숨을 구하는 절대적인 요소가 되었다.

즐기면서 살아라

타샤 튜더는 미국의 동화 작가이자 삽화가이다. 그림책 100여 권의 글을 짓고 삽화를 그렸으며 『비밀의 화원』, 『소공녀』 같은 그림책의 삽화를 그렸다. 그녀는 50대 중반인 1970년대에 버몬트주 말보로의 산에 들어가 18세기 양식의 집을 짓고 살았다. 2003년 마지막 작품 『코빌 크리스마스』를 발표하였고 2008년 92세의 나이로 숨졌다.

그녀는 시골에서 단순한 삶을 살았다. 18세기 영국식 정원을 가꾸고, 직접 천을 짜서 옷을 만들어 입고, 양초와 비누를 만들었다. 어린이를 위한 인형극을 공연하고, 숙련된 솜씨로 치즈와 아이스크림을 만들었다. 그녀의 마지막 삶은 여유롭고 한적했다. 타샤 튜더는 자신이 제일 잘하는 일을 한 것이다. 그녀의 삶은 바쁘게 살아가는 현대인에게 감동을 주었다.

우리 아이들은 가끔씩 내게
"힘드셨죠?" 하고 물어요. 하지만
나는 힘들다고 생각한 적이 한 번도 없어요.

지금까지 나는 인생을
항상 방학처럼 살아왔거든요.
하루하루 그리고 순간순간을
늘 내가 마음먹은 대로
그렇게 즐기면서 살아왔지요.
- 타샤 튜더, 『맘먹은 대로 살아요』

전혀 쓸모없는 재능일지라도 그것이 진정 자신이 좋아하는 일이라면, 그것에 집중해 보라. "그런 일을 왜 해?"라고 누가 물어도 좋다. 자신이 기준이다. 내가 만족하면 된다. 거기에 집중하면 또 다른 길이 열릴 수도 있다.

40대의 중반에 접어들고 있는 나. 언제부터인가 남들과 비교하며 움츠러들었다. 성격도 모나고 예민해서 사람을 잘 사귀지도 못한다. 특별나게 잘 하는 것도 없다. 하루 먹고 살기에 급급할 뿐이었다. 그럴 때 나를 잡아준 것은 독서와 글쓰기였다. 바쁘더라도 시간이 남으면 10평 안 되는 가게 구석에서 책을 읽었다. 어렵고 두꺼운 책은 읽지 못하지만, 매년 150권 이상 읽고 있다.

책을 읽으니, 글을 쓰고 싶어졌다. 소소한 삶을 담담히 써 내려갔다. 글을 쓸 때 행복했고, 내가 살아있다는 것을 느낄 수 있었다. 내 글을 좋아하는 사람도 생겼다. 소소한 삶의 일상을 담은 글에 공감해주었다. 여러 매체에 올렸고 그 글이 모여 작년 초, 내 책이 나왔다. 그저 책을 읽는 게 좋았고, 글을 쓰는 게 좋았다. 5년 동안 꾸준히 계속하니 삶에 자부심이 생겼다. 작가라는 새로운 직함도 생겼다.

보잉의 부사장이었던 마이크 시어스는 이렇게 말했다.

"인생은 대수롭지 않은 것에서부터 시작한다. 좋아하는 일이 있으면 그 일을 붙잡고 즐기면서 열심히 하면 된다."

시간을 잘 쓴다는 것은 내가 잘 하는 일을 하는 것이다. 우리는 남의 눈치를 보며 행동하기 쉽다. 의미 없는 술자리에 너무 많은 시간을 뺏기기도 한다. 하루에 한 시간이라도 자신이 잘

하는 일을 해 보면 어떨까? 다른 사람의 이목에 상관하지 않고, 내가 좋아하고 잘 하는 일을 해보는 것이다. 별 볼 일 없었던 내 삶이 빛날 것이다.

내가 좋아하는 것에 귀를 기울이고 그것을 찾고,
나를 위해 그 일을 하면서 스스로를 안아주고
사랑해야 했다.
-김효경, 『어느 날, 변두리 마을에 도착했습니다』

나의 모든 시간은 소중하다

부

3

4

5

한 시간 일찍 일어난다면

스마트폰 알람이 울린다. 몇 번이고 울리지만 못 일어난다. 계속 뒤척이다 일어나야 한다는 생각에 겨우 눈을 뜬다. 아침은 당연히 굶고 부리나케 출근한다. 전력을 다해 뛰어야 출근 시간에 맞춰 지하철에 탈 수 있다. 간신히 출근 시간에 도착해서 업무를 시작한다. 어제와 똑같은, 작년과 똑같은 하루가 시작된다. 오늘 하루도 길 것 같다.

시간을 잘 쓴다는 건 무엇일까? 나는 항상 일에 치여 사는데 어떤 사람들은 여유롭게 일한다. 나보다 훨씬 일이 많은데도 후딱 처리한다. 만나는 사람도 많다. 업무상의 만남뿐 아니라 지인과의 만남도 잦다. 운동까지 하고 틈틈이 외국어도 공부한다. 이쯤 되면 사람인지 외계인인지 구별 안 된다. 사람 맞아?

이 사람의 특징은 무엇일까? 아침을 산다. 그렇다면 아침을 산다는 건 무슨 뜻일까? 남들보다 조금 일찍 일어나는 것이다. 일찍 일어나는 것이 쉽진 않다. "한 시간 일찍 일어나라."라고 누군가 조언한다면 일어나지 못하는 99가지 핑계를 댈 것이다. 어젯밤 회식 때 술을 많이 마셔서, 야식 먹고 늦게 잠자리에 들어서, 밀린 미드(미국 드라마)를 봐서, 일찍 일어나면 몸 상태가 안 좋아서, 아침형 인간이 아니라서….

나머지 시간을 알차게

→

한 시간이라도 일찍 일어나 보자. 하루 중 머리가 가장 맑은 아침에 한 시간 동안 무엇에 집중하는 것이다.

우리 뇌는 아침 기상 후 2~3시간 무렵이 가장 집중력을 발휘하기 좋은 상태다. 잠자는 동안 뇌가 편안하게 휴식을 취한 덕분이다. – 야마모토 노리아키, 『아침 1시간 노트』

뇌는 실로 많은 일을 담당한다. 낮에 깨어 있을 때는 눈이나 귀를 통해 다양한 외부 정보가 뇌로 들어온다. 이렇게 들어온 정보는 뇌의 '해마'라는 곳에 모여 일시적인 단기 기억으로 저장된다. 기억은 하나도 정리가 되지 않은 상태이다. 쌓인 기억이 정리되는 시간이 밤이다.

정리가 되지 않은 책장을 생각해 보라. 여기저기 책이 널브러져 있고, 아무 원칙 없이 꽂혀 있다. 그런데 밤에 누군가 와서 책장을 정리한 것이다. 바닥을 뒹구는 책이 없고 모조리 책장에 꽂혀 있다. 듀이 십진분류법에 따라 깔끔히 책이 정리되었다. 아침에 책장을 본다면 기분이 어떨까? 들어가기 싫었던 서재에서 앉고 싶은 서재로 바뀌었을 것이다. 우리의 뇌가 그렇다. 푹 잠을 자고 난 후의 뇌는 마치 새롭게 정리된 서재처럼 집중력을 발휘할 수 있다.

그렇기에 새벽은 무언가에 집중하기가 적합하다. 대부분이 출근 전이기 때문에 바깥은 조용하다. 평소에 자주 울리던 카톡과 문자, SNS 알람도 없다. 세상과 단절된 느낌이다. '이렇게 세상이 조용했었나?' 하는 생각도 든다. 평소에는 이유 없이 바쁘고 분주했지만, '이렇게 안 바쁠 수도 있구나.'라며 안도한다. 무엇보다도 '한 시간'이라는 보물을 찾은 기분이 든다. 항상 "시간 없다."라는 말을 입에 달고 살았었다. 그런데 아침에 일찍 일어나 보니, 시간의 덤이 생긴 것이다. 그 사실만으로 아침에 일찍 일어날 가치가 있다.

그뿐이 아니다. 한 시간으로 인해 하루의 나머지 시간을 알차게 쓸 수 있다. 알람 소리에 억지로 일어나는 사람은 종일 시간에 끌려 다니기 쉽다. 출근 시간에 늦지 않으려 뛰어가다시

피 출근해야 한다. 정시에 출근했다 하더라도 업무에 집중이 쉽게 안 된다. 조금 집중하려 하면 점심시간이다. 이후에도 마찬가지이다. 할 일을 다 못 마쳐 야근한다. 야근 후 집에 들어가면 TV보고 야식 먹는다. 결국 잠자리가 늦어진다. 다음 날 아침 상황은 보지 않아도 뻔하다. 악순환이다.

한 시간 일찍 일어나면 다르다. 내 의지로 일어났다는 사실 하나로 성취감이 생긴다. 또렷한 정신으로 집을 나서기 때문에 출근 시간도 알차게 보낼 수 있다. 출근해서도 곧바로 업무에 집중할 수 있다. 다른 사람보다 더 빨리 일을 마치고, 퇴근 후엔 취미 생활도 할 수 있다. 아침에 일찍 일어났기 때문에 피곤해서 일찍 잠자리에 들 수밖에 없다. 이처럼 한 시간 일찍 일어났기 때문에 하루를 알차게 보낼 수 있다.

뭐를 할 수 있을까?

일찍 일어나기는 했다. 무엇을 할까? 일어나서 하는 것 없이 뒹굴고 스마트폰만 본다면 일찍 일어나는 효과가 없다. 차라리 더 자는 게 나을 것이다.

아침에 일어나서 제일 하고 싶은 일을 하면 된다. 평소에 운동하고 싶었으면 운동하고, 공부하고 싶은 것이 있다면 공부하면 된다. 무언가를 써도 된다(다음 장에 자세히 다루겠다).

나의 모든 시간은 소중하다

한 시간 일찍 일어났다면 가치 있는 일, 하고 싶은 일을 그 시간에 하는 것이다. 누구에게도 방해받지 않고 오롯이 집중할 수 있다.

여기에서 중요한 사실이 하나 있다. 일찍 일어나는 것을 목표로 하지 말고, '일찍 일어나서 OO하는 것'을 목표로 삼아야 한다. 그렇게 목표를 잡으면 뇌는 '일어나서 OO 해야지. 어서 일어나야겠다.'라는 의식을 갖게 된다. 그냥 일찍 일어나야겠다고 생각하면 아무리 알람을 맞춰 놔도 일어나기 힘들다. 그렇지만 분명한 목표가 있으면 알람이 없어도 일어난다.

나는 원래 늦게 잠자리에 들고 아침잠이 많다. 아침에 일어나기가 정말 힘들었다. 그러다 보니 하루가 너무 정신없이 흘러갔다. 그래서 아침 일찍 일어나야겠다고 결심하고 '아침에 글 쓰는 것'을 목표로 세웠다. 처음엔 힘들었지만 며칠 지나자 자연스레 눈이 떠졌다. 뇌에서 '아침=쓰기'로 입력이 되어 버린 것이다. 이 책의 많은 부분도 아침에 썼다.

평소에 해보고 싶은 것이 있는가? 아침에 해라. 따로 시간을 내지 말고 아침에 하면 된다. 외국어를 공부한다고 치자. 요즘은 학원에 다니질 않더라도 다양한 방법으로 공부할 수 있다. 괜찮은 동영상 강의도 많고, 전화영어를 통해 현지인과 스피킹도 할 수 있다. 운동도 아침에 하는 것이 좋다. 기분도 좋아지고 활기차게 하루를 시작할 수 있다. "퇴근 이후에 해도 되지 않나?"라고 물을 수 있다. 저녁은 변수가 많다. 갑작스러운 회식도 생기고 야근도 잦다. 연락이 없던 친구와 만날 수도 있다.

두뇌 회전이 가장 빠른 아침 시간을 효율적으로 활용해 일의 능률을 높이려면 어떻게 해야 할까? 결론부터 말하자면, 뇌에 쾌감을 주는 습관을 들여야 한다. 그리고 뇌가 가장 즐거워하는 일이란 바로 '꾸준한 호기심'이다. – 모기 겐이치로, 『아침의 재발견』

어렸을 때 소풍이나 수학여행 가던 날을 생각해 보자. 신기하게도 그날은 늦잠자지 않는다. 오히려 일찍 일어나 부모님을 깨운다. "소풍 가야 해. 빨리 일어나!" 왜 그런 행동을 했을까? 기대되기 때문이다. 전날 소풍을 기대하고 잠자리에 들었기 때문에 일찍 눈이 떠진 것이다.

무언가에 호기심이 생기고 흥미로워지는 상황이 되면 뇌에서는 도파민이 분비된다. 도파민은 쾌감을 만들어내는 물질로, 새로운 정보나 지식을 얻을 때도 분비된다. 당신의 호기심을 자극하는 것을 아침에 해 보자. 외국어 공부든, 평소에 해 보고 싶었던 공부든, 운동이든, 독서든, 글쓰기든….

자리를 피하라 ⟶

집에선 어쨌든 계속 쉬려는 마음이 생긴다. 힘들게 일어났지만 '더 쉬어야지'라는 생각이 계속 든다. 일찍 일어났지만 다시 잠자리에 든다. 일어났지만 멍하니 앉아 시간을 보내기도 한다. 이것을 방지하는 방법은 간단하다. 집을 벗어나는 것이다.

운동할 때도 집에서 하지 말고 밖에 나가서 해라. 추운 날씨 빼고는 밖에서 조깅할 수 있다. 24시간 하는 헬스장에 가는 것도 좋다. 새벽 수영장은 출근 전 직장인으로 가득하다. 새벽에 운동하고 출근하는 직장인이 많아졌다. 따라서 체육관마다 호황이다. 배드민턴, 탁구, 복싱, 격투기 등 다양한 운동을 배울 수 있다.

외국어도 마찬가지. 영어, 불어, 스페인어, 중국어 등 웬만한 외국어는 새벽에 학원에서 배울 수 있다. 요즘은 인터넷 강의로 배우는 것이 대세이긴 하다. 그렇지만 선생님에게 직접 배우면서 실제로 말을 해 보는 것의 유익은 생각보다 크다.

책도 바깥에서 읽어라. 간단한 아침을 먹으면서 책을 읽는 아침모임이 늘고 있다. 혼자서는 아무래도 읽기 힘든데 읽고 싶은 사람들끼리 만나 같이 읽는 것이다. 그런 모임이 주위에 없다면, SNS를 통해 직접 모임을 만들 수도 있다. 요즘은 소모임을 소개하고 만드는 앱도 다양하다.

아침의 한 시간. 그 한 시간 때문에 남은 하루가 가치 있을 것이다. 꺼놓았던 알람을 다시 맞춰 놓자. 한 시간의 힘을 느껴 보길 바란다. 아침은 매일 내게 주어진 값진 선물이다.

내가 살아 있기에
새롭게 만나는 시간의 얼굴
오늘도 나와 함께 일어나
초록빛 새옷을 입고 활짝 웃고 있네요
하루를 시작하며 세수하는 나의 얼굴 위에도
아침 인사를 나누는 식구들의 목소리에도
길을 나서는 나의 신발 위에도
시간은 가만히 앉아 어서 사랑하라고
나를 재촉하네요
살아서 나를 따라오는 시간들이
이렇게 가슴 뛰는 선물임을 몰랐네요
- 이해인, 〈시간의 선물〉

아침에 글을 쓴다고?

아침에 일찍 일어나서 뭐할까? 졸린 눈을 비벼 간신히 일어났어도 뭔가 제대로 하지 않는다면, 차라리 더 자는 것이 나을 것이다. 일찍 일어나서 할 일은 많다. 그중 글을 써 보라. 의구심이 생길지 모른다. 가뜩이나 정신없는 아침에 글이라니?

아침에 글을 쓰는 것은 가능하다. 그뿐만 아니라 꽤 괜찮은 시간을 보낼 수 있다. 많은 작가들은 이른 아침에 글을 쓴다. 아침만큼 방해물이 없는 시간은 없기 때문이다. 누군가의 방문이나 연락도 없다. 급하게 처리해야 할 일도 없다. 오로지 글만 쓸 수 있다.

　아침 글쓰기를 통해 인생의 새로운 장을 연 사람이 있다. 바로 줄리아 카메론이다. 카메론은 조지타운 대학교와 포덤 대학교에서 공부하고 『시카고 트리뷴』, 『뉴욕 타임스』, 『롤링 스톤』에서 저널리스트로 활동했다. 영화감독 마틴 스코세이지와 결혼하여 〈택시 드라이버〉, 〈뉴욕 뉴욕〉의 시나리오를 공동집필하기도 했다. 하지만 승승장구하던 그녀는 이혼 후 우울증과 알코올 중독에 빠졌다.

　이를 극복하는 과정에서 그녀는 인간의 가장 중요한 정체성이 '아티스트'라는 사실을 깨닫는다. 이후 그녀는 창조성 워크숍을 이끌고, 다양한 분야에서 예술적 재능을 꽃피웠다. 줄리아가 창조성을 찾기 위해 강조한 것이 아침 쓰기이다. 그녀는 아침 쓰기를 '모닝 페이지'라 이름 붙였다. 모닝 페이지는 매일 아침에 의식의 흐름을 세 쪽 정도 적어가는 것이다. 한쪽도 아니라, 세 쪽이라니…. 그것도 제일 정신없고, 바쁜 아침에. 과연 이것을 할 수 있을까?

　잘못 쓴 모닝페이지란 없다. 매일 아침 쓰는 이 두서없는 이야기는 세상에 내놓을 작품이 아니다. 일기나 작문도 아니다. (중략) 글을 쓰는 것은 하나의 방법일 뿐이다. 페이지라는 말은 생각나는 대로 페이지에서 페이지로 써내려가며 움직이는 손

동작을 뜻하는 단어일 뿐이다. 모닝 페이지에는 어떤 내용이라도, 아주 사소하거나 바보 같고 엉뚱한 내용이라도 모두 적을 수 있다. – 줄리아 카메론, 『아티스트 웨이』

우리는 출판사와 계약한 작가는 아니다. 이 말은 아침에 무엇이라도 쓸 수 있다는 뜻이다. 동료 앞에서 망신 주었던 상사를 욕할 수 있고, 요즘 머리를 아프게 하는 고민을 써도 된다. 짝사랑하는 누군가를 향한 글을 써도 된다. 내년의 계획이나 나만의 버킷리스트를 작성해도 된다. 멋지게 쓸 필요가 전혀 없다. 맞춤법, 그까짓 것 틀려도 된다. 개연성이 없어도 되고 논리적이지 않아도 된다. 오직 나만 보는 것이기 때문에.

'어떻게 세 쪽을 채울까' 하는 두려움이 있다면, 그 감정을 그대로 써도 된다. "쓰기 싫다. 꼭 써야 하나?"라는 말도 써도 된다. 쓸데없어 보이는 말을 쓰다 보면, 잠재되어 있던 감정이 글로 드러난다. 모닝 페이지에는 어떤 것이라도 써도 된다. 매일 아침 마주칠 종이(혹은 노트북 화면)의 주인은 바로 나다.

나도 모닝페이지를 썼던 적이 있다. 처음에는 세 쪽은커녕 한 쪽도 채우기 힘들었다. 하지만 점점 쓰다 보니 쓸 내용이 생겨났다. 분량도 늘었다. 몇 문장을 쓰다가 갑자기 새로운 내용의 글이 나오기도 했다. 쓴 글을 나중에 보면, '내가 썼나?'하고 놀랄 때도 있다.

모닝페이지를 충실하게 쓰면 누구든지 자신의 내부에 있는 지혜의 샘에 닿을 수 있다. 어떻게 해야 할지 모르는 상황이나 문제에 빠질 때면 나는 모닝페이지가 나를 인도해주기를 바란다. – 줄리아 카메론, 『아티스트 웨이』

누구나 자신을 힘들게 하는 문제가 있다. 그것을 적어 보라. 그러면 그 문제는 사실 큰 것이 아니었음을 깨닫는다. 신기한 일이다. 구체적으로 어떤 대책을 세우지 않았고, 문제는 여전히 남아있는데 말이다. 글을 쓰면서 자연스럽게 문제가 아닌 것이 되어버린 것이다. 문제를 바라보는 인식이 바뀐 것이다. 다른 사람에게 힘든 일을 말하면 말하는 것만으로 기분이 좋아진다. 글도 마찬가지다. 아무에게도 방해받지 않는 아침에 글을 쓰면, 자신이 치유 받는다.

아침 일기

무엇을 쓸지 모르겠다면, 일기를 써도 된다. 흔히 일기는 저녁에 쓰는 것으로 생각한다. 하루 동안 무슨 일이 일어났고, 어떤 걸 느꼈는지를 써야 하니까. 그렇지만 아침에 일기를 쓰면 하루를 시작하는 데 동력을 준다. 저녁에 쓰는 것과는 또 다른 맛이 있다.

그날 무슨 일이 있고, 누구를 만나느냐를 아침에 써 보라. 오늘 어떻게 살아야겠다는 결심이 저절로 생긴다. 일기를 아침에 쓰면, 하루를 기대하게 되기 때문이다. 사람들은 보통 연초에 일 년의 계획과 다짐을 적는다. 이루고 싶은 꿈이나 소망을 적기도 한다. 그렇지만 계획이 오래 안 가고, 쓴 것을 금방 까먹는 경우가 많다. 그것을 방지해 주는 것이 아침 일기이다. 매일 쓰기 때문에 잊어버리지 않는다.

나 역시 아침 일기를 쓸 때와 쓰지 않을 때를 비교해 보면 확연히 차이가 있다. 쓰면서 하루를 기대하고, 오늘 하루 어떻게 살 것인지 마음을 추스른다. 아침 일기를 쓴 날은 순간순간 일기의 내용이 생각난다. 그래서 다른 날보다 시간을 잘 쓰기 위해 노력한다. 쓰지 않은 날은 이와 정확히 반대다. 뭔가 열심히 산 것 같은데 허망하다.

아침 일기는 분량이 상관없다. 『하루 5분, 아침일기』라는 책에서는 하루 5분을 강조한다. 아침에 일어나서 세 가지 질문을 자신에게 해 보는 것이다.

우리 모든 시간은 소중하다

'지금 이 순간, 감사하고 싶은 일은?'
'어떻게 하면 더 좋은 하루를 보낼 수 있을까?'
'나를 위한 긍정의 한 줄은?'

이 질문에 두세 가지 답을 하면 된다. 대단한 것이 아니다. 5분, 길어도 10분이면 충분히 쓸 수 있다. 이 책에서는 "하루에 한 걸음을 더 걷는 선택, 그것이 당신의 삶을 완전히 바꿔놓는 전혀 다른 선택이다."라고 말한다.

어떻게 보면 아침 일기는 지극히 작은 일이다. 그렇지만 꾸준히 써 내려가는 것은 결코 작은 일이 아니다. 〈습관이 인생을 만든다〉에서 언급했던 박요철 작가도 아침 일기를 쓴다. 그는 세 줄 일기를 쓰고 있다. 어제의 좋지 않았던 일, 좋았던 기억, 그리고 오늘의 다짐을 한 줄씩 쓴다.

내가 세 줄 일기를 매일 빼놓지 않고 쓰는 가장 큰 이유는 '내가 누구인지' 알 수 있게 해주기 때문이다. 세 줄 일기는 나에 대한 아주 세밀하고 선명한 정보들을 보여준다. - 박요철, 『스몰 스텝』

나도 2020년부터 세 줄 일기를 쓰고 있다. 1년 365일을 기록할 수 있는 다이어리에 그날의 일기를 쓴다. 내가 쓴 일기를 가끔 훑어본다. 그날 있었던 일이나 당시의 감정 상태를 분명히 볼 수 있다. 일기라는, 생생한 나의 기록이 있기 때문이다.

쓰지 않은 날은 어떨까? 불과 며칠 전인데도 어떤 일이 있었는지 알 수 없다. 그날은 바쁜 일상 중에 흘러간 그저 그런 하루였을 뿐이다. 이처럼 아침 일기는 기록으로서의 의미만 있는 것은 아니다. 일기를 통해 하루의 삶이 달라지고 자신의 삶이 변해가는 것을 느끼게 될 것이다.

매일 반복되는 삶이 의미 없다고 느껴지는가? 왜 나는 변화가 없는지 고민하는가? 아침에 글을 써 보자. 조금씩 자신의 삶에 확신이 생기고, 변화가 시작될 것이다. 의심이 가는가? 일단 아침에 일찍 일어나서 무엇이든 써 보라.

비범한 삶이라 기록하는 게 아니라
매일 기록하니까 비범한 삶이 되는 거라고 믿으며
오늘도 달립니다.
-김민식, 『매일 아침 써봤니?』

어떻게 잘 쓸까?

어떤 일이든지 하루에 한 시간 투자하면 분명 성과가 보인다. 운동도, 공부도, 각종 취미 생활도 마찬가지다. 요즘 유행하는 개인 방송(주로 유튜브)하는 사람들도 촬영 및 편집에 최소 한두 시간은 쓴다고 한다.

'쓰기'도 매한가지이다. 매일 한 시간씩 쓴다면 분명 달라진다. 쓰는 내용이 달라지고 깊이가 깊어진다. 문제는 시도하지 않는다는 것이다. 하는 말은 다들 비슷하다. "난 글은 잘 못써."

쓰는 것의 유익은 참 많다. 이미 서점엔 글쓰기 관련 책이 널려 있다. 글을 쓰는 웬만한 방법과 기술은 인터넷에 쌓여 있다. 그런데도 글쓰기를 다시 언급하는 이유가 있다. 상상 이상으로 글쓰기는 많은 유익이 있기 때문이다.

무엇이든 쓰라

하루에 한 시간을 쓴다는 것은 쉽지 않다. 『타이탄의 도구들』이라는 책이 있다. 저자는 지난 몇 년간 세상에서 가장 지혜롭고, 부유하고, 건강한 사람이라고 평가받는 인물들을 만났다. 자신의 분야에서 최정상에 오른 그들을 저자는 '타이탄'이라 부른다.

이들 타이탄의 많은 경우가 평소 글을 쓴다. 전문 작가도 있지만, 다른 직업을 가진 사람도 많다. 이들의 글쓰기 습관을 보면 배울 점이 많다. 우리는 흔히 이런 말을 한다. "무엇을 써야 할지 모르겠어요." 이런 질문에 미국의 유명한 작가이자 출판인 케빈 켈리는 이렇게 조언한다.

나는 생각을 얻기 위해 글을 쓴다. 글을 쓰다보면 아이디어가 나온다. 아이디어에서 글이 출발한다고 생각하지만, 아니다. 막상 글을 쓰기 시작하면 아무런 생각도 나지 않는다. 하지만 정말로 글을 먼저 쓰기 시작하면 생각이 거기서 나온다. 큰 깨달음이었다. - 팀 페리스, 『타이탄의 도구들』

우리는 써야 할 주제나 소재가 반드시 있어야 글을 쓸 수 있다고 생각한다. 쓸 것이 없으면 그저 가만히 있는 것이다. 마치 감나무 아래 앉아 입을 벌리고 있는 사람처럼 아무 행동도 안 한다. 감이 떨어질 때를 기다리며 계속 입맛만 다시다 결국 돌아가 버릴 것이다. 맛있는 감을 맛보려면 뭐라도 해야 한다. 긴 막대로 감을 건드려 보거나, 나무라도 흔들어 봐야 한다.

글쓰기도 마찬가지다. 글쓰기라는 열매의 짜릿하고 달콤한 맛을 보려면 가만히 있으면 안 된다. 시간을 내야 한다. 쓸 마음을 먹어야 한다. 노트북을 켜든, 노트를 펴든 쓸 준비를 해야 한다.

이게 끝이 아니다. 제일 중요한 한 가지가 남았다. 써야 한다. 당장 안 써지더라도, 일단은 글과 씨름해 보라. 전혀 예상치 못했던 방향으로 글이 써질 것이다. 마술이 아니다. 실제로 해 보면, 경험할 것이다. '나는 왜 글을 못 써 왔나?'라는 글이 나올 수 있다. '글을 잘 쓰고 싶다'라는 글이 나올지도 모른다. 어떻게든 쓰려고 하면, 어떤 글이라도 나오는 것이다.

봉준호 감독처럼

그렇다면 무엇을 써야 할까? 쓰려고 마음먹었던 많은 이가 이 고민 앞에 무릎을 꿇었다. 쓰면 좋다는 건 알지만 무엇을 써야 할까? 돌아가는 국제 정세와 우리나라의 정치 현안에 관해 쓸 수 있다. 세계를 뒤흔든 〈기생충〉에 대한 평론을 써도 된다. 감동을 주는 소설이나 시를 창작해도 된다. 하지만 이런 글을 쓰기에는 버겁다. 아무래도 전문 지식이 필요하기 때문이다.

그런 지식이 없어도, 별다른 글 솜씨가 없어도 쓸 수 있는 것이 있다. 바로 나 자신의 이야기다. 내가 현재 고민하는 문제, 앞으로 하고 싶은 일, 하는 일의 어려움, 친구 이야기, 가족 이야기….

나의 이야기라면 누구나 쓸 수 있다. 나에 대해 제일 잘 아는 이는 바로 나 자신이기 때문이다. 내가 잘 알고 있는 나에 관한 이야기를 글로 옮기면 된다. 일기를 확장한다고 생각하면 어떨까? 단순히 하루의 일과만 옮겨 적는 것이 아니라, 거기에 내 생각을 첨가하고 감정의 변화를 섞으면 된다. 이렇게 쓰기 쉬운 주제가 어디 있을까?

혹여나 이런 딴지를 걸지도 모른다. "내 이야기? 그걸 왜?" 부끄러울 수 있고, 내 이야기가 중요하지 않다고 여길지도 모른다. 특별한 것 없고, 내세울 것 없는 것 같다. 그런 이야기를 쓰는 게 무슨 소용이 있을까?

〈오마이뉴스〉라는 매체에는 다른 매체에 없는 특별한 섹션이 있다. 바로 〈사는 이야기〉이다. 거기에 보면 정말 다양한 글이 있다. '손잡이 떨어져나간 국자를 여태껏 쓰는 엄마', '신년 다이어리 안 쓰기 시작한 후 찾아온 변화', '유기묘 입양 후 동물병원에서 처음 들은 말', '2020년 다이어리엔 욕을 쓰겠어요', '책방이나 할까 싶은 마음, 지금은 접었다'…. 읽어 보면 대단한 이야기는 없다. 어떤 글은 완성도도 떨어진다. 그런데도 마음을 움직인다. 솔직하게 자신의 이야기를 썼기 때문일 것이다. '나도 그럴 수 있겠구나.'라는 공감도 된다.

아카데미상 시상식 감독상을 수상한 봉준호 감독의 수상 소감이 큰 화제가 되었다. 그는 마틴 스콜세이지 감독의 말을 인용해 이렇게 말했다.

"가장 개인적인 것이 가장 창의적인 것이다."

자신의 이야기는 개인적인 것이지만, 이 세상에서 하나밖에 없다. 그렇기에 창의적인 것이다. 뭐를 써야 할지 모를 때는 자기 자신의 이야기를 써 보라.

쓸 기회를 만들라 |

나는 자주 서평을 쓴다. 2019년에는 39편, 2018년에는 48편을 썼다. 연초에 '올해는 서평을 몇 편 써야지'라고 계획한 것이 아니다. 한 편 두 편 쓰다 보니 가능했다.

이렇게 쓸 수 있었던 이유가 있다. 서평단 활동을 했기 때문이다. 서평단의 임무는 말 그대로 서평을 쓰는 것이다. 대부분의 출판사는 정기적으로 서평단을 모집한다. 서평단에 선정되면 출판사는 매달 신간을 보내준다. 서평단은 그 책을 읽고 자신의 블로그와 인터넷 서점에 서평을 올리면 된다.

서평단을 하면 한 달에 한두 권의 책을 받는다. 책을 읽고 정해진 기한까지 서평을 써야 한다. 나와 출판사 사이에 약속이 생긴 것이다. 서평을 올리지 않거나 늦게 올리면 불이익이 생긴다. 다음 서평단에 선정이 안 되고, 도중에 서평단 자격이 박탈되기도 한다.

그렇기에 써야 한다. 사실 쉽지는 않다. 바쁘게 살다 보면 쓰기는커녕 제대로 읽지 못할 때도 많다. 또 나와 잘 맞는 책이면 좋겠는데, 전혀 관심 없는 책이 온다면 골치 아프다. '이걸 어떻게 쓰지?'

그럼에도 서평단의 유익이 있다. 꾸준히 쓰게 된다는 것이다. 한 달에 한두 권이 온다면 최소한 한두 편의 글은 쓰게 된다. 서평의 유익도 맛볼 수 있다. 책을 읽고 글을 쓰기 때문에 생각의 폭이 넓어지는 것이다. 한마디로 서평을 쓰면 다른 글을 쓸 수 있는 기초 체력을 다질 수 있다. 글 쓰는 것이 습관이 되었기 때문이다.

해가 갈수록 독서 인구가 줄어들고 있다. 그에 따라 예전에 호황을 이루었던 잡지 시장은 갈수록 축소되고 있다. 그래도 자투리 시간에 읽기엔 잡지만한 것이 없다고 생각한다. 잡지에는 전문적으로 글을 쓰는 작가의 글이 아무래도 많다. 찬찬히 훑어보면 작가가 아닌, 일반인의 글도 많이 보인다. 주로 투고와 응모를 통해 글이 채택되어 실린 것이다. 그동안 여러 잡지에 내 글이 실렸다. 운 좋게 한 잡지의 고정필자가 되어 삼 년간 글을 싣기도 했다. 몇 군데는 기자의 청탁을 받아 글을 썼다. 몇 군데는 원고를 투고했다.

한번은 소소한 이야기를 담는 잡지에서 '외국인 친구'에 대한 글을 공모했다. 예전에 만났던 친구가 생각났고, 그의 이야기를 써서 응모했다. 며칠 후 다음 호에 싣겠다고 편집장에게 연락이 왔다. 너무 기뻤다. 청탁받아서 실린 것보다 훨씬 기분이 좋았다. 그때 이후로 쓸 만한 주제가 있으면 응모했다. 다 실리진 않았지만, '내 글이 과연 실릴까?' 하는 긴장도 생기고, 실리면 뿌듯함도 느낄 수 있었다.

의외로 독자들의 글을 기다리는 곳이 많다. 글을 응모해 보라. 떨어져도 괜찮다. 글을 쓰기 위해 많은 생각을 했을 것이고, 노력했기 때문이다. 결국 한 편의 글이 완성되지 않았나. 이렇게 몇 번 해보면, 글 솜씨도 눈에 띄게 좋아진다.

글을 보낼 곳이 없다면 아예 새로운 시스템도 만들 수 있다. 대표적인 것이 이슬아 작가이다. 이슬아 씨는 아무도 청탁하지 않은 연재를 시작했다. 시리즈의 제목은 '일간 이슬아'. 하루에 한 편씩 자신이 쓴 글을 메일로 보내는 프로젝트다. 그녀는 자신의 글을 읽어줄 구독자를 SNS로 모집했다. 한 달 구독료 만 원을 내면 매일 그녀의 수필이 독자의 메일함에 도착하는 것이다. 하루에 한 편씩 쓴다는 게 쉽지 않다. 그렇지만 그녀는 독자와의 약속을 지키기 위해 매일 한 편씩 써서 독자들에게 보냈다. 독자들도 작가의 글에 매료되어 구독자는 점차 늘었다. 이 글이 모여 한 권의 책이 되었고, 이슬아는 아예 출판사를 등록해 자신의 책을 만들고 있다.

'내 글을 누가 읽지?'라고 생각할 수 있다. 그렇지만 솔직하게 써 내려간 나의 이야기를 어느 누군가는 자신의 이야기로 생각하고 공감한다. 그것이 글의 힘이다. 무언가를 쓰기가 쉽지는 않다. 무에서 유를 창조하는 것이기에 만만하지 않다. 그럼에도 글을 써 보라. 아마 이전과 다른 삶을 경험할 것이다. 처음부터 잘 쓸 수는 없고 많이 쓰기도 어렵다. 오늘 당장 조금씩이라도 써 보라. 한 문장, 한 단어부터….

글쓰기는 끊임없이 반복되는 도전으로
내가 지금껏 했던 그 어떤 일보다 어려운 일이지요.
그래서 나는 글을 씁니다.
그리고 글이 잘 써질 때 저는 행복하답니다.
– 헤밍웨이

독서에도 방법이 필요하다

얼마 전 충격적인 뉴스를 접했다. 통계청이 2019년 사회조사 결과를 발표했는데 독서율에 관한 것이었다. 통계를 보면 13살 이상 국민의 연간 독서율은 50.6%였다. 2년 전인 2017년에 비해 4.3% 감소한 것이다. 2명 중 1명은 일 년 동안 책을 읽지 않은 셈이다. 평균 독서량도 2.2권 감소해 7.3권이었고, 책을 읽는 사람들의 독서량 역시 3권 정도 줄어든 14.4권에 그쳤다. 10년 전과 비교해 독서율은 11.5%, 평균 독서량은 3.5권 줄었다.

전철이나 버스를 타면, 점점 떨어지는 독서율을 눈으로 확인할 수 있다. 몇 년 전만 해도 가뭄에 콩 나듯 책 읽는 사람을 볼 수 있었다. 지금은 거의 없다. 사람들의 눈은 스마트폰을 향해 있다. 연예 뉴스를 보고, 게임을 한다. 짧은 영상을 보기도 한다. 책을 읽는 사람은 없고, 활성화된 전자책을 보는 사람도 없다.

왜 이렇게 책을 읽는 사람이 없을까? 많은 사람의 변명처럼 읽을 시간이 없는 걸까? 독서의 이유는 많은 책에서 말하고 있다. 이유를 모르는 사람은 없을 것이다. 그렇다면 어떻게 하면 책을 읽을 수 있을까?

나와 맞는 책을 만나라

우리는 영화를 많이 본다. 카드사, 통신사의 할인 혜택을 이용해서 한 달에 몇 편씩 보기도 한다. 모든 영화가 다 재미있진 않다. 정말 기대했는데 실망스러운 영화도 많다. 그렇다고 영화를 끊지 않는다. '영화가 재미없었으니까 앞으로 영화를 보지 말아야겠다.' 이렇게 극단적으로 생각하는 사람은 없을 것이다. 그 배우가 나온 영화나 그 감독이 만든 영화를 피하는 정도 아닐까. "앞으로는 나와 잘 맞는 영화 봐야지."라며 다른 영화를 보러 다닐 것이다.

우리가 책을 대하는 태도를 살펴보자. 책을 통 읽지 않다가 어떤 계기로 큰마음 먹고 읽었다. 그런데 그 책이 재미없고 나와 전혀 상관없는 내용이라면 기분이 어떨까? "그러면 그렇지.

역시 책은 나와 궁합이 안 맞아. 이렇게 재미없는 책을 왜 읽는 거야?" 하며 당장 책을 덮어버리고 다시 책과 담을 쌓는 사람이 있다. 그런 사람을 보면 답답하다. 그는 자신과 맞는 책을 아직 만나지 못했을 뿐이다. 자신에게 맞는 책을 고르면 된다.

인터넷 서점에서는 다양한 계층을 위한 책을 추천해 준다. 예를 들어 30대에 들어선 사람을 위한 책, 사회생활을 시작한 사람에게 필요한 책, 위로가 필요한 사람에게 추천하는 책, 글쓰기가 어려운 사람을 위한 책, 정치에 관심 갖게 해주는 책…. 자신의 상황에 맞는 책을 찾아 읽으면 된다. 직접 서점에서 책의 내용을 훑어보거나 목차를 보며 "이 책, 괜찮겠네." 하고 선택해도 좋다.

이런 식으로 책을 고르면 된다. 읽고 나서 괜찮으면 저자의 다른 책을 읽는 것이 좋다. 비슷한 분야의 책도 찾아 읽어라. 그렇게 하다 보면 조금씩 나와 잘 맞는 책을 발견해 갈 것이다. 차차 독서의 즐거움을 맛보게 되는 것이다.

자신의 상황에 따라 읽는 책을 달리하는 것도 필요하다. 바쁠 때는 두껍고 내용이 깊은 책은 읽기 어렵다. 오히려 독서의 재미만 반감할 뿐이다. 그럴 때는 간단한 에세이나 짧은 우화가 좋다. 나도 바쁠 때는 이외수 씨의 우화소설을 많이 읽었다. 짧아서 읽기 편하고 내용이 이어지지 않아 부담 없이 읽었다.

여유로워지면 내용이 깊은 책도 읽었다. 『사피엔스』, 『정의란 무엇인가』 등등. 그때는 그런 책도 여유롭게 읽을 수 있다.

나와 맞지 않는 책도

한번 당신의 책장을 살펴보라. 어떤 책이 보이는가. 에세이가 많을 수 있고, 소설이 많이 꽂혀 있을 수 있다. 역사책이 많은가 하면, 인문서적이 많을 수도 있다. 자연과학에 관련된 책이 많을 수도 있다. 많이 꽂혀 있다는 말은 무슨 의미일까? 그 분야에 관심이 많고, 그 분야의 책을 좋아한다는 뜻이다.

혹시 몇 년 전 책장의 모습은 어떠한가. 지금과 비슷한 분야의 책이 많은가. 그렇다면 당신의 관심 분야가 별로 바뀌지 않았다는 증거이다. 당신은 그 분야의 책을 계속 산 것이다. 그동안 자신과 잘 맞는 책을 선택해서 읽은 것이다.

혹시 자신과 맞지 않는 책을 일부러 읽은 적이 있는가? 그 책이 너무 안 맞아서 금방 책을 덮었을지 모른다. 그 후 '자라 보고 놀란 가슴 솥뚜껑 보고 놀란다'라는 속담처럼 그 분야의 책은 거들떠보지도 않았을 것이다. 그런 연유로 자신이 좋아하는 분야의 책만 읽어왔을지 모른다.

작년에 우연히 SF소설을 읽었다. 『당신 인생의 이야기』라는 단편집이었다. 딱딱해 보이는 과학을 유려한 이야기로 풀어낸 소설이었다. 그동안 SF는 별로 읽지 않았다. 전형적인 문과 스타일이라서 자연과학 쪽엔 관심이 없었기 때문이다. 그 소설을 읽고 후회 아닌 후회를 했다. '그동안 왜 이런 책을 안 읽었을까?' 이후로 SF소설을 찾아 읽었다. 『종이 동물원』, 『우리가 빛의 속도로 갈 수 없다면』…. 너무 재미있었다. 새로운 맛집을 발견한 기분이랄까.

이처럼 다른 분야의 책을 읽어 보자. 처음엔 진입 장벽이 있다 하더라도 몰랐던 분야를 알아가는 즐거움이 샘솟는다. 잘 알지 못했던 분야에 접근하면서 뇌도 자극되고, 자연스럽게 도파민 분비도 늘어난다. 도파민은 뇌신경 세포의 흥분을 전달하는 신경전달물질이다.

책을 읽다 보면, 읽는 책이 다 거기서 거기 같고, 예전과 달리 흥미를 못 느낄 때가 있다. 그때 다른 분야의 책을 읽으면 된다. 읽다 보면 그 책에서 인용하는 다른 책이 있을 것이다. 그 책을 또 찾아 읽어라. 그쪽 분야에 관심이 생기면 더 깊은 내용의 책도 읽을 수 있다. 그러다 보면 새로운 분야의 책이 친숙해질 것이다. 나와 맞는 책이 그만큼 늘어난 것이다.

목표를 정해 읽어라

왜 책을 읽지 않느냐고 묻는다면, 대부분은 이런 답을 할 것이다. "시간이 없어서요." 맞는 말이다. 먹고사는 것이 바쁜데 어떻게 책까지 읽을 수 있는가? 그런데 하루를 뒤돌아보면, 시간이 없다는 말은 어불성설이다. 시간이 없어도 스마트폰은 몇 시간이고 한다. 시간이 없어도 드라마는 본다. 시간이 없어도 잠은 푹 잔다. 그런데 시간이 없어서 책을 못 본다고?

책을 읽지 않는 이유는 시간이 없어서가 아니다. 읽을 마음이 없기 때문이다. 굳이 시간을 들여 책을 읽어야 할 필요가 없는 것이다. 그렇다면 관심 없는 독서를 어떻게 할 수 있을까?

제일 간단한 방법이 있다. 목표를 정해 읽는 것이다. 즉, 읽어야 할 분량을 미리 정하여 읽어라. 이미 '한 달에 몇 권 읽기' 같은 목표가 있을지도 모른다. 그렇지만 이런 목표는 급한 일이 생기면 미뤄진다.

더 작은 목표가 필요하다. 하루에 몇 페이지씩 읽는 것이다. 그날의 목표가 있으면 매일 읽어야 한다는 부담이 생긴다. 목표는 자신의 평소 독서량에 맞춰 잡으면 된다. 보통 50~100페이지가 적당하다. 책의 내용에 따라 다르겠지만, 그 정도면 30분에서 1시간쯤 읽을 수 있는 분량이다.

이렇게 목표를 잡으면 독서에 도움이 된다. 몇 페이지까지 읽어야 한다는 목표가 있어서 더 집중되는 것이다. 소위 벽돌책이라 불리는 두꺼운 책도 목표를 잡아 읽어라. 700페이지의 책도 하루에 100페이지씩, 일주일이면 읽을 수 있다.

나의 모든 시간은 소중하다

목표를 잡았으면 언제 읽을지 정하라. 되도록 같은 시간에 읽는 것이 좋다. 매일 같은 시간에 읽어야 습관이 되기 때문이다. 점심을 먹고 나서나 잠자리에 들기 전처럼 최소 30분 이상 읽어라. 친구나 가족과 함께 목표를 세워 읽는 것도 좋은 방법이다.

다양한 방법으로 읽어라

책을 두세 권씩 같이 읽는 것도 좋다. 흔히 이런 독서법을 병렬형 독서라고 한다. 한 권도 읽기 힘든데 어떻게 여러 권의 책을 같이 읽느냐고 말할 수 있다. 책 한 권을 처음부터 끝까지 읽는 것도 물론 좋은 방법이다. 책을 읽다가 흥미가 떨어지거나 어려워질 때가 있다. 그럴 때 다른 책을 읽어 보는 것이다. 비슷한 분야가 아닌 다른 분야가 좋다. 그러면 기존의 책과 다른 분야이기 때문에 흥미가 생긴다. 책을 바꾸어 읽다가 흥미가 떨어질 때쯤, 원래 읽던 책을 읽으면 된다. 또 다른 책을 읽어도 좋다.

다양한 장르의 책을 접하면 아이디어 상자에 온갖 자료가 차곡차곡 쌓이면서 서로 뒤섞이고 발효되어 뜻밖의 순간에 대단한 생각의 씨앗이 만들어지곤 한다. 나아가 아이디어를 캐내는 감각이 예리해지고 특별한 노하우가 만들어져 자료를 수집

이처럼 한 분야의 책만 읽지 않고 다양한 분야의 책을 읽는 것이 좋다. 한 책에서 보았던 개념과 자료가 다른 책에서는 다른 모양으로 변주된 것을 발견할 수도 있다. 즉 여러 권의 책을 읽으면 한 권의 책을 읽었을 때보다 개념이 넓어지고 깊어지는 것이다.

흔히 여러 권의 책을 동시에 읽으면 내용이 섞여서 헷갈리진 않을까 생각할 수 있다. 실제로 해 보면 전혀 그렇지 않다. 나도 여러 책을 동시에 읽는다. 책을 읽으면 뇌에 그 책 고유의 방이 만들어지는 것과 같다. 다른 책을 읽으면 또 다른 방이 만들어진다. 다른 책을 읽다가 원래 책을 읽으면, 원래 그 책의 방에 들어가는 느낌이다. 내용이 섞이거나 헷갈리지 않는다. 오히려 다른 분야의 책을 읽기 때문에 색다른 재미가 있다. 시간과 장소에 따라 읽는 책을 달리할 수도 있다. 예를 들어 정신 없는 출퇴근에는 조금 쉬운 책을 읽고, 상대적으로 여유있는 저녁에는 어려운 책을 읽는 것이다.

도서관에서 책을 빌려 읽는 것도 독서의 좋은 방법이다. 책은 사서 읽는 것으로 생각할 수 있다. 맞는 말이다. 책은 사서 봐야 한다. 그런데 사서 읽지 못한 책이 집에 가득하지 않은가.

베스트셀러라서 사긴 샀는데 내용이 별로라서 곧바로 덮어버리기도 한다.

구미는 당기는데 어떤 내용인지 잘 모르는 책이 있다. 그럴 때는 바로 사는 것보다는 도서관에서 빌려 읽어라. 읽고 괜찮은 책은 나중에 사서 정독하면 된다. 빌린 책은 기한이 있어서 먼저 읽게 된다. 빨리 읽고 반납해야 하기 때문이다. 어떤 경우에는 산 책보다 빌린 책을 더 집중해서 읽을 때도 있다.

독서의 유익은 천 번 말해도 지나치지 않을 것이다. 독서의 방법은 책을 읽는 사람만큼 다양할 것이다. 자신만의 독서법을 찾아 읽기 시작하라. 아직 독서법을 못 찾았더라도 괜찮다. 읽다 보면 자신만의 방법을 발견할 테니까.

독서 행위의 목적은 결국 그 책을 읽는
바로 그 시간을 위한 것 아닐까요.
그 책을 다 읽고 난 순간을 위한 것이 아닙니다.
독서를 할 때 우리가 선택한 것은
바로 그 책을 읽고 있는 그 긴 시간인 것입니다.
-이동진, 『이동진 독서법』

걷기,
일상에서 느끼는
한 줌의 여유

당신은 산책하고 있는가? 산책이라고 하면 점심 먹은 후, 커피를 들고 집이나 회사 근처를 거니는 모습이 떠오른다. 혹자는 이렇게 말한다. "산책? 여유로운 사람이나 하는 거 아니야?" 여유가 시간적 여유인지 재정적 여유인지, 아니면 둘 다를 말하는 것인지 모르겠다. 산책조차도 여유가 필요하다는 인식이 씁쓸하다.

매년 심해지는 황사와 미세먼지는 밖으로 나가는 것을 꺼리게 한다. 전 세계를 두려움에 떨게 한 코로나-19를 비롯한 감염성 질병은 '이불 밖은 위험해'라는 말을 더욱 신뢰하게 한다. 놀이터나 공원에는 사람이 없다. 잠깐이라도 아이가 놀려고 하면, 부모는 "빨리 들어와. 밖에서 뭐해?"라는 말을 자연스럽게 한다.

큰 쇼핑센터가 늘어간다. 쇼핑센터 위층의 멀티플렉스에서
는 현재 상영하는 웬만한 영화를 다 볼 수 있다. 영화 보고 난
후에는 한식, 중식, 양식 등 갖가지 종류의 식당에서 밥을 먹는
다. 식사 후에는 카페에서 차를 마시거나 대형서점에 간다. 마
지막으로 대형 마트에서 장을 보고 집에 돌아간다. 하루 생활
반경이 모두 한 건물에서 가능한 것이다. 출퇴근은 대중교통을
이용하거나 운전해서 다닌다. 그러다 보니 우리는 걸을 일이
없다.

스스로 쉬어야 한다

우리는 '더 빨리'의 세상에 길들여 있다. 무조건 빨라야 한
다. 점심시간에는 제일 빨리 나오는 메뉴를 시켜 먹는다. 커피
마시고 금세 자기 자리로 돌아와 업무를 한다. 퇴근도 고달프
다. 사람이 많아 앉을 자리는 없고, 많은 업무와 사람으로 인한
스트레스는 어깨를 누른다. "언제 휴가 쓸까?"라는 말을 되뇌
며 하루하루 버틴다. 계속 소진된다. 눈이 쌓여가듯 피로도 쌓
인다.

이런 상황에서 필요한 것이 쉼이다. 누가 쉼을 줄 수 없다면,
스스로 쉬어야 한다. 어떻게 쉴 수 있냐고? 바로 산책이다. 산
책은 "나는 쉬겠다."라는 단호함의 표시이다. 아무리 일이 많

고 마음의 여유가 없더라도 "이 정도 일했으니 나는 쉬어야 해."라고 다짐하는 것이다. 산책해야겠다는 마음을 먹고 밖으로 나가는 것만으로 묘한 쾌감이 있다. 빽빽한 일정에 무언가 신선한 충격이 온 것이다.

산책하는 일은 저 빽빽한 노동과, 관계들과, 살림살이의 수풀 속에서 내가 간신히 확보한 한 줌의 권리라고 할 만하다. 산책은 그 '한 줌의 여유'를 가장 담박하면서도 충만하게 누리려는 적극적인 행위라고 표현할 수 있다. - 박지원,『산책하는 마음』

이 산책자의 말처럼 산책을 통해 한 줌의 여유를 얻는 것이다. 답답한 일상에서 벗어나는 것만으로 충분한 쉼이 된다. 집 근처에 산이 있다. 아파트촌을 벗어나 산 쪽으로 가면, 사뭇 다른 풍경이 펼쳐진다. 시골 같다. 하늘은 더 파란 것 같고, 나무도 많아서 자연스레 삼림욕이 된다. 공기도 다르다. 미세먼지도 적다. 가끔 걸어서 이곳에 다녀온다. 산을 다녀오는 데는 유혹이 많다. 왠지 다른 것을 하고 싶다. 낮잠 자고 싶고, 글을 써야겠다는 생각도 든다. 날씨가 춥거나 바람이 많이 불면 더욱 나가기 싫다. 그렇지만 산책하고 오면 옳은 선택이었음을 깨닫고, 다음 산책을 기다린다.

산책하면 제일 먼저 몸에 반응이 온다. 하는 일의 특성상 나는 온종일 앉아 있다. 허리가 굽어서 마치 바람 빠진 풍선처럼 축 늘어져 있다. 산책하면 움츠러들었던 어깨와 허리가 자연스레 펴진다. 처음엔 좀 어색하고 힘들지만 십 분쯤 되면 차차 몸이 개운해진다. 이렇게 한 시간만 걸으면 땀도 나고 열량을 소모하는 운동을 한 것 같다. 몸은 완전히 풀려 조금 더 걸어야겠다는 생각이 절로 난다.

몸뿐 아니라 마음에도 변화가 생긴다. 왠지 기분이 좋아진다. 산책 전에는 끝마치지 못한 일과 갖가지 고민이 나를 붙들고 있다. 걸으면서 어느새 근심과 고민은 사라져버린다. 온전히 걷기에만 집중하기 때문이다. 산책을 마치고 나면 내가 고민했던 것이 별 게 아니었음을 깨닫는다. 매일 하는 일이 귀찮고 지겹기만 했다. 산책 후에는 일이 있다는 것이 감사하다. 남은 하루를 잘 보낼 것 같은 생각도 든다.

살아있음을 느낀다 →

'걷는 것' 하면 생각나는 사람이 있다. 배우 하정우. 얼마나 많이 걸었으면 『걷는 사람 하정우』란 책까지 펴냈다. 하정우의 걷기 사랑은 유별나다. 하루 3만 보씩 걷고, 심지어 하루 10만 보까지 걷기도 했다. 강남에서 홍대까지 1만 6천 보 정도면 간다며 거침없이 걸어 다니고, 강남에서 김포공항까지 8시간에 걸쳐 걸어간 적도 있다. 걷기에 미쳤다고 할 만하다.

걷기의 매력 중 하나는 날씨와 계절의 변화를 피부로 느낄 수 있다는 점이다. 우리는 주로 실내에서 많은 시간을 보낸다. 정신없이 바쁜 날에는 오늘 날씨가 흐렸는지 맑았는지 기억조차 나지 않는다.

하지만 사람도 생명체인지라 날씨의 변화, 온도와 습도, 햇빛과 바람을 몸으로 맞는 일은 중요하다. 이를 통해 살아있다는 실감을 얻고, 내 몸을 더 아끼게 된다. 봄과 가을의 햇빛이 다르고 여름과 겨울의 나무에서 각기 다른 냄새가 난다는 사실을 안다는 것은 이 지구에 발 딛고 사는 즐거움이다. 겨울은 혹독하게 춥지만, 그 추위를 피부로 느끼는 순간조차 내겐 소중하다. - 하정우, 『걷는 사람 하정우』

평소엔 가까운 거리도 운전하거나 버스를 타고 다닌다. 그렇기에 보는 풍경이란 비슷하다. 쌩쌩 지나치는 자동차, 엇비슷하게 생긴 간판, 비슷한 모양의 가로수…. 산책하면 어떤가. 예전에는 미처 볼 수 없었던 것이 보인다. 보도블록 한구석에 있는 풀 한 포기, 각기 다른 가로수 잎, 처음 듣는 새소리, 바람에 날리는 민들레 홀씨….

다양한 사람도 만날 수 있다. 공사장에서 열심히 일하고 계신 분들, 함께 산책을 나오신듯한 노부부, 부지런히 청소하고 계신 청소부 아저씨, 따스한 햇볕을 맞으며 여유를 즐기는 엄마와 갓난아이…. 이렇듯 항상 곁에 있지만, 볼 수 없었던 것이 많았다. 산책을 통해 혼자 살아가는 게 아님을 느낀다.

집중이 안 될 때는

일하다가 집중이 안 될 때가 있다. 자리에는 앉았는데 계속 다른 생각이 들기도 한다. 머리가 과부하 되고, 도무지 일은 진척이 되지 않는다. 나도 글 쓸 때 그런 경우가 많다. 무엇을 써야 할지 전혀 감이 안 잡히는 것이다. 어떤 때는 10분도 집중하기 어렵다. 이럴 때는 '시간이 해결해 주겠지'라며 쭉 앉아 있기보다, 잠깐이라도 자리를 벗어나는 것이 좋다. 10분이라도 걷는 것이 좋다.

산책은 인간의 뇌를 신속하게 재충전해 주고 활력을 제공해 주는 눈에 띄는 혜택일 뿐만 아니라 나이가 들어감에 따라 점점 떨어지는 인지능력을 보존하는 데 있어서도 필수적인 요소이다. 창의력을 북돋고 나이 들어서도 좋은 기억력을 갖고 싶다면 산책을 즐겨라. - 톰 래스, 『잘 먹고 더 움직이고 잘 자라』

한 조사에 따르면, 일주일에 6일 동안 1.6Km씩 걸으면 뇌가 줄어드는 일을 예방할 수 있다고 한다. 걷기만 해도 인지 능력이 떨어질 위험도 크게 줄어든다. 다른 운동 없이 걷기만 해도 뇌의 용량이 커진다는 말이다.

　나도 산책할 때, 글의 아이디어가 불현듯 생각난다. 무엇을 쓸 것인지 글의 소재가 생각나고, 글을 어떻게 수정해야 할지 떠오른다. 의자에 앉아 노트북을 바라보았을 때는 생각나지 않았던 것들이 신기하게도 떠오른 것이다. 그저 걷기만 했을 뿐인데.

　뇌가 머리에 영향을 미치고, 창의성을 키워준다는 사실을 많은 CEO도 주목한다. 애플의 창립자 스티브 잡스는 가끔 산책 회의를 열었다. 회의실에서 하는 것보다는 밖에서 맑은 공기를 마시면서 하는 산책 회의가 생산적이라고 여겼기 때문이다. 페이스북 창립자 마크 저커버그도 인재를 스카우트할 때 본사 뒷산을 거닐며 이야기를 나누었다. 스탠퍼드 대학 연구에 따르면 걷기운동은 창조적 사고력을 평균 60퍼센트 정도 높여준다고 한다.

　이처럼 산책에는 많은 유익이 있다. 피로한 육체에 쉼을 주고, 기분을 새롭게 한다. 언제 어디서든 쉽게 할 수 있고, 운동의 효과도 작지 않다. 또한 책상 앞에서는 얻기 힘든 창의성과 아이디어도 산책을 통해 얻을 수 있다.

　모두가 숨 쉴 틈 없이 바쁜 일상을 살고 있다. 산책은 이런 일상에 꼭 필요한 쉼표를 찍어 준다. 하루에 잠깐이라도 산책해 보라. 나의 발로 땅을 디디며 걸어 보라. 매일매일 떠오르는 햇빛이 다르고, 나뭇잎의 색깔이 다르고, 어제와 오늘의 공기가 다를 것이다. 그것을 몸소 체험하고 피부로 느껴 보자. 비로소 살아있음을 체험할 것이다.

홀로 외로이 걷는 여행은
자기 자신을 직면하게 만들고,
육체의 제약에서 그리고 주어진 환경 속에서
안락하게 사고하던 스스로를 해방시킨다.
- 베르나르 올리비에, 『나는 걷는다』

운동 꼭 해야 하나?

얼마 전 오른쪽 발을 삐끗했다. 순간 통증이 있었지만 몇 번 발을 움직여 보니 괜찮아졌다. 일주일쯤 지났는데 삐끗한 부위가 아프기 시작했다. 결국 동네 한의원에 갔다. 한의사는 삔 쪽에 염증이 생겼다고 했다. 별로 아프지 않는데 염증이 생겼다는 게 의아해서 물었다. "원래 삐면 오래 가나요?" 한의사는 "나이가 들면 잘 안 나아요."라고 담담히 말했다. 순간 기분이 묘했다. 요즘 말로 '웃프다'라고 해야 할까. '나도 이제 적은 나이가 아니구나.'

40대 중반인 나는 초기 비만에 혈압이 높다. 중성지방과 간 수치도 높아 3개월에 한 번씩 대학병원에서 검사받고 의사의 처방을 받는다. 아침, 저녁으로 먹을 약을 한가득 받아온다. 게다가 체력도 좋지 않다. 조금만 고된 일을 하면 앓아눕고, 환절기엔 감기를 달고 산다.

그래서 시작하게 된 운동이 배드민턴이다. 2년 전부터 지인들과 일요일마다 친다. 부담되지 않고, 재미도 있어 잘 맞는 운동이라 생각한다. 그런데 일주일에 한 번 치다 보니까 운동량이 턱없이 모자랐다. 일이 생겨 못 갈 때는 한 달에 한두 번밖에 치지 못했으니까.

운동은 긴급하지 않지만 중요한 일이다. 앞에서 말했던 시간 관리 영역 중 두 번째에 속한다. 중요하다는 사실을 머리로는 알지만, 당장 오늘 운동 안 해도 내일 큰일이 일어나지 않기에 미룬다. '다음에 시간 나면 하지.'

운동 왜 할까?

나는 서비스 직종의 일을 한다. 그러다 보니 하루에도 수십 명 이상의 손님을 만난다. 그중에는 소위 말하는 진상도 있다. 도무지 내 생각으로 이해할 수 없다. 그런 사람을 계속 만나다 보니 인내가 차츰 사라졌다. 이상한 손님에게 나 역시 감정적으로 반응했다. 하지만 후련한 것이 아니라 찝찝했다. '참았어야 했는데.'

그런데 잠깐이라도 운동한 후에는 대처법이 달라진다. 그런

손님을 만나도 '뭐, 그럴 수 있지.'라는 생각이 든다. 예전 같
았으면 분명히 화가 났었겠지만, 감정을 추스를 수 있게 된 것
이다. 운동의 효과였다. 잠깐 운동했는데도 마음이 안정된 것
이다.

몸의 힘이 저하되면 단순히 신체적 무기력에 빠질 뿐 아니
라 상대에 대한 이해나 배려를 하기에 역부족인 상태에 놓이
고, 감정을 다스릴 여유도 없어진다. 매사에 화르르 끓어 넘치
거나, 그냥 웃어넘길 일에도 필요이상으로 예민하게 반응한다.
컨디션이 좋았다면 아무런 문제가 되지 않은 일에 자신도 모르
게 격한 반응을 보여서 대화가 단절되기도 한다. 몸이 피곤하
고 체력이 바닥나면 만사가 귀찮아진다. - 오세진, 『몸이 답이
다』

이처럼 운동은 몸의 건강 못지않게 마음의 건강을 챙겨 준
다. 점점 쌓이는 스트레스가 만병의 근원이라고 하지 않나. 마
음의 병이 결국 큰 병이 된다. 운동이 마음의 병을 다스린다.

함께 하라

"운동해 보자."라고 굳센 결심을 한다. 결과는 작심삼일이
다. 여러 이유가 있겠지만, 제일 큰 이유는 '혼자'하기 때문일

것이다. 큰마음 먹고 혼자 헬스 등록한다. 안 가도 뭐라고 하는 사람 없다. 얼마 못 가서 그만둔다. 수영 등록한다. 혼자서 몇 번 해보다가 늘지 않는 것 같다. 다시 포기한다. 다른 일처럼 운동 역시 혼자서는 힘들다.

함께 운동하면 좋다. 재미도 있을뿐더러 경쟁심도 생기기 때문에 운동에 집중할 수 있다. 혼자 할 때는 운동을 쉴 때가 많다. 같이 하면 옆에서 땀 흘리는 누군가 때문에 책임감이 생긴다. 공동의 목표를 세우는 것도 좋다. 다이어트 등의 목표를 세우고, 서로 점검해 주는 것이다.

같이 할 수 있는 사람이 없다면 전문 코치의 도움을 받는 것도 좋다. 헬스도 혼자 하면 재미없고 운동법도 몰라 대충 러닝만 뛰기 일쑤다. 트레이너의 도움을 받으면, 자신의 현재 몸 상태에 맞는 운동법을 자세히 알 수 있다. 자신에게 맞는 방법이기 때문에 효과도 제대로 볼 수 있다.

항상 하라

운동을 제대로 하려면 시간이 필요하다. 바쁠 때는 자연히 운동할 시간이 줄어든다. 중요하다는 사실은 알지만 어쩔 수 없이 운동과 멀어진다. 그것을 방지하는 방법이 있다. 평소에 운동하는 것이다.

건강한 삶을 위해 운동은 떼려야 뗄 수 없는 비결이지만 일
주일에 세 번 운동하는 것으로는 충분치 않다. 날마다 온종일
움직이는 것이 건강을 위한 진짜 비결이다. - 톰 래스, 『잘 먹
고 덜 움직이고 잘 자라』

나는 지방에 살고 있다. 서울만큼 전철과 버스 등의 대중교통
이 발달하지 않았다. 어쩔 수 없이 어디를 갈 때는 차를 이용한
다. 그러다 보니 걸을 시간이 거의 없다. 차를 타고 움직이는 것
이 습관이 되었기 때문이다. 걸어서 10분 이내의 거리도 차를
탈 정도였다. 그 결과 살이 쪘고 건강도 안 좋아졌다.

지금은 한 시간 이내의 거리는 걸어 다닌다. 차를 타고 7~8
분이면 갔던 도서관도 이제는 걸어서 간다. 30분밖에 안 걸린
다. 한 시간이 넘는 거리는 되도록 버스를 타고 다닌다. 늦게
도착하지만, 주차 걱정도 없고 여유롭게 바깥 풍경을 바라보기
도 한다.

주위를 둘러보면 운동할 수 있는 여건이 많다. 공공 운동시
설이 곳곳에 마련되어 있어 지나가다 잠깐이라도 운동할 수 있
다. 전철 탈 때도 에스컬레이터를 타는 것이 아니라 걸어보자.
습관적으로 엘리베이터 버튼을 누르는 게 아니라 계단으로 발
걸음을 옮겨 보자. 그렇게만 해도 다리운동이 꽤 될 것이다.

사무실에서도 운동할 수 있다. 기본 스트레칭을 할 수 있고,

의자를 이용해서 복근 운동도 가능하다. 집에서도 운동은 가능하다. 실내 사이클이나 러닝머신이 없어도 된다. TV를 보면서 간단한 스트레칭을 할 수 있고, 팔굽혀펴기를 할 수도 있다.

　나는 요즘 운동 앱을 이용해서 운동한다. 매일 같은 시간에 알람이 온다. 앱을 실행시키면 6~7개 세트의 운동을 제시한다. 그 운동 영상을 보고 따라 하면 된다. 보통 10~15분 정도인데, 조금씩 강도가 높아진다. 시간의 부담도 없고, 몸에도 별로 큰 무리가 없다. 유튜브에도 웬만한 요가와 스트레칭 방법이 상세히 나와 있다. 운동하는 데 있어 중요한 것은 시간이 아니라 마음가짐이다.

행복하려면

　우리는 행복한 삶을 꿈꾸며 산다. 바쁘게 살면서 돈을 많이 버는 것이 성공의 척도였다면, 이제는 아니다. 여유롭게 살면서 자신이 하고 싶은 일을 마음껏 하는 것이 성공이라 정의한다. 그리고 그렇게 사는 삶이 행복하다고 말한다.

　행복한 삶을 사는 필수 요소는 무엇일까? 많은 대답이 존재하겠지만 공통으로 꼽는 것이 건강이다. 아무리 자신이 좋아하는 일을 하고, 주위에 친한 친구와 가족이 있다 하더라도, 건강을 잃어버린다면…. 몇 년 전에 많은 인기를 끌었던 노래가 있다.

우리 행복하자
아프지 말고 아프지 말고
행복하자 행복하자
- 자이언티, 〈양화대교〉

그때는 가사를 주의 깊게 듣지 않았다. 요즘은 가사가 이해가 된다. '우리 행복하자. 아프지 말고.' 특히 이 부분이 다가왔다. 어렸을 때 어르신들이 항상 하셨던 말은 건강에 관한 것이었다. "아프지 말아라.", "감기 걸리지 말아라.", "올해는 건강해라."

나도 조금씩 나이를 먹으면서 건강의 중요성을 느끼고 있다. 코로나-19가 전 세계를 뒤흔들고 있다. 과학과 의학기술이 발달한 첨단시대에 살고 있지만 작디작은 바이러스 하나에 모든 것이 무력해지고, 사람들은 두려움에 떨게 된다. 우리는 한 치 앞도 알 수 없는 세상 속에서 살고 있다. 어떻게 살아야 할까? 무엇보다도 마음을 지켜나가야 한다. 굳게 마음을 지키기 위해서 몸도 챙겨야 한다.

건강은 자신이 하고 싶은 일을 하기 위한 바탕을 마련해준다. 지금 이루고 싶은 목표가 있는가? 그 목표를 이루기 원한다면 반드시 운동해야 한다. 건강해야 그것을 이룰 수 있다. 그 마음으로 시작한다면 중도에 포기하지 않고 목표도 성취할 것이다. 언젠가 큰 병과 건강이라는 갈림길에 서게 될 것이다. 갈림길의 최종 선택지를 결정하는 것은 운동이다.

마음의 스트레스와 고통을 이겨낸 힘,
도전과 모험을 주저하지 않고 추진한 힘의 근원은
체력이다. 체력은 단순히 건강만 가져다주는 것이
아니다. 강한 정신력으로 보답한다.
강한 육체에 강한 정신이 깃드는 법이다.
– 이영미, 『마녀체력』

만짓해도 괜찮아

  방학이 되면 아이들이 제일 먼저 하는 것이 있다. 시간계획
표를 짠다. 스스로 할 때도 있지만, 대부분이 숙제라 어쩔 수
없이 한다. 먼저 원을 그린다. 24등분으로 나누고, 원의 가장
자리에 시간을 쓴다. 그리고는 방학에 무엇을 할지 계획을 짜
고, 그것을 시간계획표에 쓴다.

  8시에 일어나서 씻고 아침 식사. 9시에 학원 다녀와서 점심
식사. 쉬었다가 독서나 공부. 저녁 식사 후 놀다가 일기 쓰고
10시에 잠자리에 든다. 시간표대로 지켜지지 않는다는 것은
경험상 알 수 있다. 나름 정성스럽게 짰는데 왜 그럴까? 왜 사
흘도 넘기기 어려울까?

  터무니없이 지키기 어렵기 때문이다. 고시생도 아닌데 초등

학생이 하루에 공부를 5시간이나 하고, 매일 책 읽고 일기 쓸 수 있을까? 매일 같은 시간에 일어나 같은 시간에 잘 수 있을까? 어린이가 아닌, 어른이라도 지키기 어려울 것이다. 무리한 계획을 짜는 것은 어른도 마찬가지다. 다이어리에 미팅, 업무, 회의, 취미 생활 등 일정이 가득하다. 지키지 못할 것을 알지만, 꽉 차 있어야 안심한다.

세상이 바쁘게 돌아간다. 우리는 분 단위로 꽉 짜인 시간표대로 움직인다. 아침부터 저녁까지 일정이 빽빽하다. 왜 이런 삶을 살까? 시간을 지배하는 기분이 들기 때문이다. 잠깐이라도 쉬지 않고 살아간다. 또한 계획에 너무 얽매여 살기도 한다. 그럴 때 어떤 문제가 생길까? 계획대로 움직일 수 있다면 만족하겠지만 그러지 못한 경우에는? 아마도 실망하고, 나중에는 계획 세우는 것 자체를 포기할지 모른다.

딴짓하라

한 물리학자가 있다. 물리학자는 어떤 느낌이 드는가? 연구에만 몰두할 것만 같다. '고리타분'이라는 단어와 어울리기도 한다. 선입견을 시원하게 깨부순 사람이 있다. 이기진 교수이다. 그의 연구실은 갖가지 물건으로 가득 차 있다. 책이나 논문은 물론이거니와 군데군데 이상한 물건이 눈길을 사로잡는다.

저금통처럼 앙증맞은 깡통 로봇들, 연대를 가늠할 수 없는 각종 백자, 그가 직접 디자인해 만든 원색의 의자까지.

그의 기행은 다양하다. 약간 깨지거나 이빨이 나간 그릇을 사 모은다. 고미술 상가와 벼룩시장의 물건을 사서 새롭게 탄생시키기도 한다. 오래된 집에 대한 열망을 품다가 작은 한옥 주인이 되었고, 혼자만 즐기는 것이 아쉬워 갤러리로 쓰고 있다. 어려운 물리이론서만 쓸 것 같은데, 아이들을 위한 동화책과 만화 에세이도 썼다. 어쩌면 자유분방한 그의 삶을 보고, 딸(씨엘)이 가수의 꿈을 꾸었는지도 모른다.

또 한 사람을 소개하고 싶다. 박막례 할머니, 현재 유튜브를 운영하고 있다. 100만 명이 넘는 구독자를 지닌, 유튜버 스타이다. 그녀의 나이는 60을 넘겼다. 보통 그 나이가 되면 손주들 재롱 보고 슬슬 노년을 준비할 때이다.

그렇지만 그녀는 최신곡을 부르고 컴퓨터 액션 게임을 즐긴다. 원두커피를 만들고, 시가 담배를 물고 사진 찍는다. 핼러윈 때는 조커 분장을 한다. 어떻게 보면 그녀는 동년배 어르신들이 하지 않을 행동만 골라 한다. 그런 그녀의 영상을 보고, 수많은 사람은 환호를 질렀다. 그녀는 초대를 받아 미국 구글 본사에 방문했고, TV 연예대상의 시상자로 서기도 했다.

남을 의식하고 남과의 차이를 좁히려고 들 때 삶은 개성을 잃고 만다. 진정 하고 싶은 것을 못 하고 대세를 따라가는 것은 자신의 개성을 없애는 일이다. - 이기진,『나는 자꾸만 '딴짓' 하고 싶다』

이기진 교수와 박막례 씨의 공통점은 무엇일까. 이들은 '딴 짓'을 했다. 세상이 규정한 틀에 매이지 않았다. 이들에게 가치 있는 것은 딴짓이었다. 연구만 할 것 같은 이기진 교수에게는 잡동사니를 모으고 전공과 상관없는 글을 쓰는 것이 중요했다. "할머니가 그런 짓을 왜 해?"라고 물을 수 있지만, 박막례 씨에 게 딴짓은 즐거움의 원천이었다.

아이들은 딴짓한다

아이들이 노는 것을 주의 깊게 본 적이 있는가? '어떻게 저런 행동을 할까?'라는 생각이 들 정도로 천차만별이다. 높은 데에 서 "아이언맨이다!"라며 뛰어내리는 아이, 손에서 거미줄을 내 뿜는 아이, 숙제하는데 계속 장난감만 만지작거리다가 망가뜨 리는 아이, 인형과 계속 대화하는 아이…. 이런 모습을 보면 한 숨이 나온다. 아이들은 딴짓하기 위해 태어난 존재 같다.

한번 생각해 보라. 우리 역시 이렇게 딴짓했었다. 불량식품 도 먹어보고, 쓸데없는 것 모아보고, 새총 쏘고…. 종류만 달라 졌지 우리도 밥 먹듯이 딴짓을 해왔다. 나이가 들면서 점차 딴짓하지 않는다. 아니 못하고 있다. 왜 그럴까? 남들과 비교하기 때문이다. 남들은 지금도 열심히 공부하고 일하는데, '내가 딴짓해도 되나?'라고 생각한다.

어떤 것이라도 시도해 보자. 일과 상관없어도 된다. 꼭 무언가를 얻기 위해서가 아니라, 내가 좋아하는 일을 해 보는 것이다. 정신과 의사 최명기 소장(청담하버드심리센터)은 이렇게 조언한다.

때론 열정적으로 최선을 다했는데도 결과가 안 좋게 나올 수도 있다. 그러면 쓸데없는 짓을 했다는 생각을 할 게 아니라 재미있게 했다는 데 의미를 두면 된다. 일도 인생을 살아가는 것도 마찬가지다. 당신의 빛나는 순간순간을 충실히 즐기고 열정을 다했다면 그것만으로도 충분히 값진 경험이 된다. 그러니 당신은 지금까지처럼 현재를 열심히 살아가면 되는 일이다. - 최명기, 『마음이 콩밭에 가 있습니다』

소소한 딴짓

눈을 감고 가만히 있거나, 다이어리 모퉁이에 작게 그린 낙서, 마음에 드는 책의 한 구절을 따라 써보는 것 등 다양한 행위를 통해 오롯이 내면에 집중하는 시간을 가질 수 있다. 누군가가 보면 '딴짓'으로 보일 수 있지만 실은 내 삶의 주도권을

'어떤 것이 딴짓일까?' 고민하는 사람이 있다. 평소에 하지 않았던 것을 해 보면 된다. 스마트폰으로 사진을 찍을 때 다른 것을 찍어 보자. SNS에 올리는 음식 사진이나 셀피가 아니라 무심코 지나쳤던 거리 풍경을 찍는 것이다. 같이 일하는 동료나 가족과도 일상적인 포즈 말고 우스꽝스러운 사진을 찍어 보면 어떨까?

영화를 볼 때도 '천만 영화'나 블록버스터만 보는 것이 아니라 잘 보지 않았던 예술영화를 관람하는 것이다. 영화가 아니어도 좋다. 발레나 뮤지컬 등 평소에 접해보지 않았던 예술 공연도 보자. 경험이 확장되는 기분을 느낄 것이다. '이런 세계가 있었구나.'

휴가도 남들 다 가는 해수욕장과 산이 아니라 특별한 곳을 가 보자. 요즘 늘고 있는 농촌체험휴양마을에 방문해서 농촌체험을 하고, 그 지역에서 수확한 농산물로 음식을 만들어 먹을 수 있다. 관광에서도 딴짓할 수 있다. 맛있는 것을 먹고 즐기는 데에만 초점을 맞췄다면, 생태관광을 추천한다. 생태관광이란 자연 생태자원과 마을 인문자원을 두루 갖춘 지역을 방문하는 것이다. 생태계 보호의 중요성을 직접 눈으로 확인할 수 있고, 아이에게도 좋은 교육이 된다.

정리하는 것도 딴짓의 좋은 예다. 흔히 청소는 어쩔 수 없이 해야 하는 일로 생각하기 쉽다. 그렇기에 청소는 우선순위에서 항상 밀려 다른 일을 먼저 하고 마지막에야 할 때가 많다. 그렇지만 자신의 공간을 깨끗이 하는 것 말고도 청소는 유익한 점이 많다.

무엇보다도 자신의 공간을 정리함으로 분주한 생각을 정리할 수 있다. 평소 잘 하지 않던 청소와 정리를 마음먹고 해 보자. 그것만으로 생산적인 딴짓이 될 수 있다. 다큐멘터리 〈곤도 마리에: 설레지 않으면 버려라〉의 주인공은 이렇게 말한다.

중요한 것은 과거의 추억이 아니다. 우리는 이처럼 물건 하나하나와 마주해 정리하는 과정을 통해, 과거의 경험을 거쳐 존재하는 지금의 자신이 가장 중요하다는 사실을 깨달을 수 있다. 공간은 과거의 자신이 아닌 미래의 자신을 위해 써야 한다는 점을 기억하자. - 곤도 마리에, 『인생이 빛나는 정리의 마법』

일이 잘 안 풀리고 무언가 고민거리가 쌓여갈 때 책상 위와 서랍을 정리해 보라. 방의 오래된 물건을 정리해 보라. 버릴 것은 과감히 버려라. 그것만으로도 기분이 상쾌해지고 혼잡했던 마음이 정리될 것이다.

혹시나 딴짓을 독특한 것으로만 여기고 주저하는가. 지금 있는 자리에서 해 보라. 그동안 안 해 봤던 것을 하면 된다. "그걸 왜 해?"라는 질문을 들어도 괜찮다. 딴짓일 뿐이다. 딴짓 한 번 한다고 어떻게 되지 않는다. 딴짓할 준비가 되었는가!

내가 좋아하고 잘하지만,
동시에 다른 사람은 못하는 일을 꾸준히 하다 보니
저절로 활동 범위가 넓어져서, 나는 그 일 자체를
더 잘하게 되었다.
당연히 나의 가치 또한 점점 높아졌다.
- 오바라 가즈히로, 『놀 줄 아는 그들의 반격』

당신의 취미는
안녕하십니까?

한해를 돌아보면 아쉬움이 남는다. "그때 왜 그랬지?" 하는 후회도 생긴다. 반면, "이것은 참 잘 했어."라며 자신에게 칭찬 하기도 한다. 2019년 말, 올해 자신이 가장 잘한 일을 조사하 는 설문이 있었다(3,421명 설문/잡코리아, 알바몬). 결과는 연 애, 자격증 취득, 체중 감량, 취업/이직, 해외 여행 등 듣기만 해도 축하해 주고 싶은 항목이 포함되었다.

이것을 다 제치고 1위를 차지한 것이 무엇일까? 성인남 녀가 꼽은 '올해 나를 빛낸 일' 1위는 '취미/특기를 만든 일'(18.6%)이었다. 놀랐다. 다른 것도 아니라 취미를 만든 일 이 그렇게까지 기분 좋았던 일이었을까?

앞 장에서 딴짓을 해보라고 권면했다. 딴짓이라고 하면 이상한 일로만 생각할 수 있다. 우리가 흔히 하는 취미. 그것이 어쩌면 딴짓의 대명사일지 모른다. 당신의 취미는 무엇인가?

소확행의 시작

바쁜 우리에게 취미는 어울리지 않는 것 같다. 왠지 사치 같다. 자기소개서 취미란에 고민 끝에 쓴 것은 결국 독서, 음악 듣기, 영화 감상, 헬스…. 어르신들은 "퇴근하고 한잔하는 거지."라고 말하기도 한다. 취미의 사전적 의미는 '전문적으로 하는 것이 아니라 즐기기 위하여 하는 일'이다. 우리는 취미가 필요하다고 말하지만, 실제로 취미를 즐기고 있을까?

취미를 어떻게 즐기는지 제대로 보여주는 사람이 있다. 조기준 작가이다. 작가 외에도 그의 이력은 다양하다. 인디밴드의 리더 겸 베이시스트, 뮤지컬 배우, 칼럼니스트, 방송 패널, 강연가. 하나도 제대로 하기 어려운데 이 사람은 어떻게 여러 개의 직업을 소화할까? 더 놀라운 건 많은 일을 하면서 취미도 맘껏 즐기고 있다는 것이다.

그가 그중에서도 재미있다고 추천하는 것은 재즈댄스이다. 20대 초반, 사랑에 실패하고 헤어진 그녀와의 추억을 잊기 위해 그는 재즈댄스를 시작했다. 그렇게 시작한 재즈댄스는 그가 뮤지컬 배우를 하는 발판이 되었다. 가야금 연주도 취미 생활의 하나였다. 이후 그는 국립국악원 우면당 공연을 할 수 있었다. 그뿐만이 아니다. 그의 취미는 마라톤, 잡지 수집, 콘트라베이스, 발레, 동네 카페 탐방, 필사, 다이어리 꾸미기, 일렉 기타 등 수십 개에 이른다.

뻔한 취미라고 생각해서 내게는 취미조차 없는 것이 아닌가 하는 생각이 들 때가 있을 것이다. 하지만 전문적이지 않아도 내가 좋아하는 일들은 무엇이라도 취미라고 할 수 있다. 그 취미는 단순히 시간 때우기용이 아니다. 나의 자존감을 세워주고, 심리적으로 안정감을 주며, 지쳐 있을 때 나를 다독여주는 힘이 되어준다. 내가 가치 있는 사람이라고 느끼게 해주며, 이 세상에 필요한 사람이라는 믿음도 안겨준다. - 조기준, 『쓸데없이 열심입니다』

소확행(小確幸)이라는 신조어가 있다. 주택 구입, 취업, 결혼 등 크지만 성취가 불확실한 행복을 따르기보다는, 작지만 성취하기 쉬운 일상의 소소한 행복을 추구하는 삶의 경향, 또는 그러한 행복을 말한다. 서울대 소비트렌드 분석센터의 2018년 대한민국 소비트렌드로 선정될 정도로 유행어가 되었다.

이 말은 일본의 소설가 무라카미 하루키의 에세이에서 처음 쓰였다. 갓 구운 빵을 손으로 찢어 먹을 때, 서랍 안에 반듯하게 정리된 속옷을 볼 때 느끼는 행복과 같이 일상에서 느끼는 작은 즐거움을 뜻한다.

살기가 점점 더 어렵다는 말이 여기저기서 들려온다. 일은 나만 많은 것 같고, 돈과 실리를 찾는 건 다른 사람의 몫처럼 여겨진다. 사람 사이의 관계도 쉽지 않다. 직장 상사는 뒤로 미루더라도, 친구와의 관계도 힘겨울 때가 있다. 관포지교의 우정을 여간해선 찾기 어렵다. 제일 가까운 사이라는 가족은 또 어떤가. 오히려 고통을 주기도 한다. 이렇게 팍팍한 삶에서 내가 좋아하는 일을 하는 것, 즉 취미를 갖는 것은 그것만으로 소확행의 시작이 된다.

비상구를 찾아라 →

'이렇게 다양한 취미가 있다니.' 유튜브를 보면 매번 놀란다. 다양한 카테고리의 영상이 하루에도 수백, 수천 편씩 업로드된다. 가수처럼 스튜디오에서 노래 부르고, 전문 해설위원처럼 게임을 중계한다. 마니아층만 키웠던 뱀과 도마뱀을 키우고, 레고와 피규어를 만든다. 화장품이나 신상품을 리뷰한다. 케이팝댄스를 분석하고, 직접 추기도 한다. 맛있는 음식을 만들고, 다른 사람이 만든 음식을 먹기도 한다. 별다를 것 없는 자신의 일상을 올리기도 한다.

예전엔 '왜 이렇게 쓸데없는 영상이 많지?'라고 생각했다. 지금은 개인방송에 대한 인식이 바뀌었다. 개인방송 제작자들의 열정과 재능에 감탄할 때가 많다. 이들은 평소에 자신이 하고 싶었던 일을 하는 것이다. 상업적인 목적으로 운영하기도 하지만, 순수하게 그저 좋아서 영상을 올리는 사람도 많다. 어떤 사람은 자신이 받은 광고비를 사회에 환원하고, 공익 영상을 만들기도 한다.

전문적으로 1인 방송을 하는 사람도 있지만, 본업 외의 시간에 좋아하는 것을 찍어서 올리는 사람도 많다. 본업만으로도 벅찰 텐데 어떻게 시간과 공을 들여 영상을 찍고 편집할 수 있을까? 그들에겐 아마도 그것이 출구일지도 모른다. 팍팍한 삶 속에서 답답함을 풀기 위한 하나의 방편인 것이다. 그 때문에 꼬박 밤을 새워서라도 영상을 만들어 올리는 것이다. 남들이 "왜 저런 일을 해?"라고 말을 할지라도 이들은 진정 자신이 좋아하는 일을 하는 것뿐이다.

나도 일상을 D포털의 브런치라는 매체에 올리고 있다. 살면서 힘들었던 일, 기뻤던 일을 올리면 사람들은 공감해 주었다. 다른 사람의 글을 보면서 위로와 격려를 받기도 한다. 글을 쓴다는 것이 비상구였다. 어디에도 하소연할 수 없는 어려운 심경을 쓰면서 '괜찮아! 그럴 수 있어.'라는 생각이 든다. 글을 쓰는 것이 하나의 취미가 된 것이다.

나의 모든 시간은 소중하다

조금만 관심을 기울이면 취미를 즐길 수 있는 여건이 많아졌다. '문센족'을 아는가? 문화센터족의 줄임말로 퇴근 후 문화센터에 들러 자기 계발이나 취미 생활을 위한 강좌를 수강하는 2~30대 직장인을 뜻한다. 예전에는 일정하게 시간을 낼 수 있는 주부 대상으로 운영되었다. 그런데 일찍 퇴근하는 직장인이 늘어나면서 그들 대상의 강좌가 늘고 있다.

강좌의 내용도 다양하다. 나만의 미니 정원 만들기, 석고 방향제 만들기, 라테 아트, 애완동물 수제 간식 만들기, 초크 아트, 매듭 공예 배우기, 유럽 와인 시음…. 수백 개가 넘는 강좌가 운영된다. 문화센터뿐만 아니라 지역주민센터나 카페, 동네서점에서도 이런 강좌가 마련된다. 평소에 관심 있던 것을 어디서든 쉽게 배울 수 있는 것이다. 재정도 그리 큰 부담 되지 않고, 적은 인원의 강좌도 많아 자세히 배울 수 있다.

앞에서 언급한 유튜브를 통해 취미를 즐길 수도 있다. 전문성을 가진 개인방송 운영자들은 각 분야의 동영상을 무료로 올린다. 그것을 보면서 일반인도 쉽게 따라 할 수 있다. 요가, 필라테스, 수영, 다이어트 등의 운동은 물론이고, 영어, 프랑스어, 불어 등 외국어도 쉽게 배울 수 있다. 피아노, 기타, 드럼, 바이올린 등의 악기도 익힐 수 있고, 마술, 사교댄스, 코딩, 엑

셀, 바둑도 영상을 통해 배울 수 있다.

관심 있는 것만 배우지 않아도 된다. 정말 생뚱맞은 것도 괜찮다. 오히려 그런 것이 숨어있던 자신의 진짜 필요를 채울지도 모른다. 얼마 전 우연히 스페인 드라마를 보았다. 미국 드라마와는 또 다른 재미가 있었다. 곧바로 유튜브에서 스페인어 강의를 찾아봤다. 멀게만 느껴졌던 스페인어가 친숙해졌다. 앞으로 더 공부할 예정이다.

나이 50이 되니 모든 걸 가질 수 없다는 말에 공감하게 됩니다. 내게 가능한 것을, 내가 즐길 수 있는 범위 안에서 최선을 다하며 삽니다. 즐거움을 유지하는 것, 그것이야말로 어떤 일을 꾸준히 오래 하는 비결이라고 생각해요. - 김민식, 『내 모든 습관은 여행에서 만들어졌다』

이렇듯 자신이 좋아하는 일을 하면, 결국 본인의 일에 최선을 다하게 된다. 마치 잘 안 돌아가는 기계에 윤활유를 넣는다고나 할까? 지쳤던 마음에 새로운 생기가 도는 것이 느껴질 것이다. 다시금 에너지를 얻을 수 있다. 매일 똑같고 무미건조하다고 느껴진다면 자신만의 취미를 갖자. 생각만 해도 기분 좋아지고 힘이 솟아나는 것을 해 보는 것이다. 그 취미가 성능 좋은 엔진이 되어 다시 당신을 뛰게 하리라.

서른 살을 넘긴 나는 스스로 불을 붙이지 않으면
빛을 발할 수 없게 되었다. 빛나기 위해서라면
무엇에든 손을 댈 생각이었다. 다른 사람들에게는
놀기 위한 목표로 보였을지 모르지만
나에게는 계속 살아가기 위한 목표였다.
– 마루야마 겐지, 『취미 있는 인생』

쉴 때는 쉬자

얼마 전 일이었다. 아침에 급하게 외출할 일이 있어서 전철을 타러 갔다. 역에 도착해서 계단을 내려가는데, 올라오는 사람과 딱 마주쳤다. 나이 지긋한 분이었다. 급한 마음에 방향을 바꿨다. 그분은 나와 같은 방향으로 몸을 움직였다. 나는 반대쪽으로 몸을 틀었다. 그쪽은 또 나와 같은 방향으로 움직였다. 이렇게 두세 번 같은 방향으로 겹치자 그분은 이런 말을 건넸다. "조금 천천히 가세요."

오전 일을 끝내고 점심을 먹다가 어르신의 말이 생각났다. '나는 너무 빨리 가고 있었구나. 조금 천천히 가도 되는데. 좀 느려도 되는데….' 나는 정신없이 빨리 살고 있었다.

2019년 한 포털 사이트에서는 일 년 동안 사람들이 많이 찾은 신조어를 조사했다. 그중 6위가 '번아웃증후군'이다. 심신이 지친 상태인 '번아웃'(Burnout)과 다양한 증상의 복합적 상태를 나타내는 '증후군'(Syndrome)의 합성어이다. 힘도, 의욕도 없는 무기력한 상태가 지속되는 것을 말한다. 그만큼 다들 지쳐 있는 것이다.

쉼을 갈망하다

TV를 보면 여행과 먹방 프로그램이 넘쳐난다. 코로나-19로 인해 여행 프로그램이 줄어들었지만 채널을 돌려봐도 약간의 포맷만 다를 뿐, 콘셉트는 죄다 비슷하다. 개인방송과 홈쇼핑에도 여행과 음식 콘텐츠는 넘쳐난다. 사람들의 필요(need)가 어디에 있는지 보여주는 현상 아닐까? 그만큼 모두가 쉬고 싶은 것이다.

그것을 멍하니 보다 보면 기분이 이상해진다. 처음엔 마냥 재미있지만, 시간이 지나면 '내가 이걸 왜 보고 있지?' 하는 생각이 든다. 쉬고 즐기려 보지만 더 피곤해진다. 오히려 한두 시간 허비한 것을 후회한다. 마치 정크푸드 같다. 막상 먹을 때는 맛있지만, 다 먹고 나면 '왜 먹었을까' 후회하는 것처럼.

힐링이라는 말이 있다. (몸이나 마음의) 치유를 뜻하는 단어이다. 원래는 종교나 상담에서 쓰였다. 지금은 TV 프로그램,

지역 축제 이름 등 많은 곳에서 쓰인다. 듣기 좋은 음악을 듣거나 세계적인 명화를 감상할 때도 쓰인다. "힐링된다."라는 식으로. 한마디로 힐링이 남용된다. 외국어이지만 한글이 아닐까 싶을 정도로 힐링이 사용되는 것이다. 힐링이 나라 전체를 휩쓰는 동안 우리는 정말 힐링되고 있는 것일까?

순간순간 쉬어라

우리나라의 휴가는 대부분 여름에 몰려 있다. 겨울은 아무래도 추우니까 날씨 좋은 여름에 산과 바다로 많은 사람이 휴가를 떠난다. 외국도 많이 간다. 극성수기라 숙박비와 교통비도 비싸고, 바가지도 많다. 4~5월부터 휴가를 위해 돈을 모아야 한다.

일 년에 한 번인 휴가라 일정을 빡빡이 잡는다. 아침부터 저녁까지 계속 움직인다. 조금이라도 더 많이 봐야 한다며 쉬지도 않는다. 아이러니하다. 쉬러 간 여행인데 쉬지 않는다니…. 결국 갔다 와서 극심한 피로가 쌓인다. 여행 후 우울증에 걸리기도 한다. 제대로 쉬지 못해서일 것이다.

쉼의 개념이 잘못된 건 아닐까? 우리는 일과 쉼을 구분해서 생각한다. 그러니까 일을 끝마치지 못하면 제대로 쉴 수 없다. 일을 다 마쳐야 쉴 수 있다고 생각한다. 많은 이의 주말 풍경을 보자. 편히 쉬어야 할 주말에 일하러 나간다. 아예 일거리를 가져와 집에서 일하기도 한다. 일과 쉼의 경계를 조금 허물면 어떨까? 일을 다 하고 쉬는 것이 아니라 일 도중에 쉬는 것이다. 물론 반문할 수 있다. '누군 그걸 몰라서 안 쉬는 줄 알아?'

 계획적으로 '쉼'을 갖는 것이 필요하다. 언제든 찾아가서 쉴 수 있는 장소가 있어야 한다. '즐겨찾기'를 떠올려 보라. 즐겨찾기는 인터넷 웹브라우저에서 다시 방문하고 싶은 웹사이트 주소를 등록해 놓는 것이다. 나중에 쉽게 클릭해서 찾아갈 수 있어서 편리하다. 인생에도 이런 즐겨찾기가 필요하다. 한 심리학자는 '슈필라움'의 중요성을 말한다.

 심리학자의 눈에는 '슈필라움(Spielraum)'이라는 단어가 아주 특별하다. 흥미롭게도 독일어에만 존재하는 이 단어가 오늘날 한국 사회의 문제를 이해하는 데 아주 중요한 실마리를 제공한다. '놀이(Spiel)'와 '공간(Raum)'이 합쳐진 '슈필라움'은 우리말로 '여유공간' 정도로 번역할 수 있다. 아이들과 관련해서는 실제 '놀이하는 공간'을 뜻하기도 한다. 그러나 주로 '내 마음대로 할 수 있는 자율의 공간'을 뜻한다. '물리적 공간'은 물론 '심리적 여유'까지도 포함하는 단어다. - 김정운, 『바닷가 작업실에서는 전혀 다른 시간이 흐른다』

 바쁜 시간을 쪼개어 가끔 가족여행을 간다. 간만에 밖에 나오니까 나와 아내는 기분이 좋았다. 비싼 음식이 아닌데도 맛있었고, 고속도로를 달리는 것만으로도 가슴이 뻥 뚫렸다. 그런데 아들의 얼굴이 심상치 않았다. 점심 먹고 얼마 되지 않아서 "빨리 집에 가자!"라며 성화를 부린다.

결국 예정보다 일찍 돌아왔다. 나와 아내는 피곤해서 쉬는데 그때부터 아들은 놀기 시작했다. 자기 방에 들어가서 장난감을 늘어놓고, 신나게 혼잣말을 한다. 아이에게 슈필라움은 방이었다. 장난감과 놀거리가 많은 자기 방. 밖에서 시간을 보내는 것보다 집에 와서 방에서 노는 것이 아이에게는 중요했던 것이었다.

나의 슈필라움은 도서관이다. 거기서 책을 고르고, 빌리는 시간이 좋다. 유명 작가의 신간일 경우, 다른 사람이 먼저 빌려간다. 어떨 때는 몇 달을 기다리기도 한다. 기다린 끝에 그 책을 빌릴 때의 기쁨이 크다. 더 빨리 읽고 싶으면 인터넷 예약을 한다.

전혀 예상치 못할 책과 만날 수도 있다. 베스트셀러가 아니고 제목도 들어본 적 없지만, 괜찮은 책이 많다. 그런 책은 어떨 때는 운명처럼 만난다. '이 책을 이제야 만났다니….' 도서관에서만 맛볼 수 있는 경험이다. 도서관이라는 공간 자체가 주는 안락함도 있다. 책을 읽고 공부하는 곳이기 때문에 고요하다. 각종 소음과 경적으로 밖은 시끄럽지만, 그곳은 조용하다. 바쁘게 살던 내게는 하나의 선물 같은 공간이다. 길어봤자 하루에 한 시간 정도이지만 도서관은 내게 쉼을 준다.

누구에게나 슈필라움이 필요하다. 항상 업무에 시달리는 직장인은 직장 옥상이나 직장 근처의 공원이 숨 쉴 공간이 될 것이다. 퇴근 후 찾는 단골식당이 슈필라움이 될 수도 있다. 가정주부에게는 바쁘게 아이를 학교 보내고 찾는 조그만 카페가 슈필라움이 될 수 있다. 공부에 지친 학생들의 슈필라움은 코인노래방이나 PC방이 될 것이다.

휴대폰이 충전되는 것처럼 그곳에 다녀오면 충전되는 곳, 즉 언제든지 찾아가서 쉴 수 있는 공간이 우리에겐 필요하다. 그렇지만 공간보다 우선되는 것은 쉼을 미루지 말고 즉각적으로 쉬어야겠다는 마음가짐이다.

디지털 중독은 그만

'디톡스'(detox)가 유행이다. 디톡스란 '독을 해소하다'라는 뜻으로 몸에 축적된 노폐물과 독소를 제거할 수 있도록 도와주는 것을 말한다. 바쁜 일상을 살아가는 현대인들은 불규칙적으로 식사하고, 인스턴트 음식을 자주 먹는다. 그러다 보면 불균형 상태를 쉽게 겪고, 체내에 독소가 쌓인다. 독소를 없애기 위해 레몬, 케일을 먹거나 과일과 채소 효소가 들어간 주스를 마신다. 다이어트를 위한 한약도 많이 이용한다.

디톡스와 함께 관심을 끌고 있는 것이 '디지털 디톡스'다. 디지털 디톡스는 디지털 중독의 처방으로 등장한 개념이다. 디지털 단식이라고도 한다. 스마트폰을 하루에 얼마나 사용하는지 체크해 보라. 전화와 문자 등의 기본 기능은 물론이거니와 게임, 영상 보기, 인터넷, SNS 등 실로 많은 것을 스마트폰으로 한다. 쉴 때도 손에 스마트폰이 있어야 한다. 여행에서도 마찬가지이다. 수시로 사진을 찍어 SNS에 올리고, 거기에 달린 반응을 수시로 확인한다.

한국과학기술개발원에서 제시한 스마트폰 중독 체크 리스트를 보자. '스마트폰이 없으면 손이 떨리고 불안하다', '하루에 2시간 이상 스마트폰을 쓴다.', '화장실에 스마트폰을 가지고 간다.', '설치한 앱이 30개 이상이고 대부분 사용한다.', '밥을 먹다가 스마트폰 소리가 들리면 즉시 달려간다.' 등의 항목이 있다. 당신은 어떤가?

스마트폰 중독은 생활에 좋지 않은 영향을 준다. 나도 스마트폰을 수시로 확인한다. 새로운 뉴스가 없는지 검색하고, 지인의 SNS를 훑어본다. 재미있는 동영상도 본다. 그렇게 하다 보면, 원래 하던 일에 지장을 준다. 이 책을 쓰는 동안에도 스마트폰이 옆에 있으면 20~30분이 훌쩍 지나갔다. 다시 마음을 가다듬고 글을 쓰는 것이 쉽지 않았다.

하루에 몇 시간씩 쓰던 스마트폰을 갑자기 끊기는 어렵다. 일단은 스마트폰을 멀리 떨어뜨려 놓아라. 옆에 있으면 쉽게 볼 수 있다. 그래서 조금 멀리 두는 것이다. 직장에서 업무 중이라면, 보이지 않게 서랍에 두면 어떨까? 집에 있을 때는 스마트폰이 눈에서 잘 보이지 않게 하는 것이 좋으며 SNS나 카톡의 알람도 무음으로 해 두면 좋다. 생각보다 즉시 답을 해야 할 만큼 긴급한 내용은 없다. 알람 소리를 듣지 않으면, 그만큼 스마트폰으로 달려가는 것을 줄일 수 있다.

스마트폰을 켜면 무의식적으로 누르는 앱이 있다. 그것을 과감하게 삭제하자. 이렇게 삭제만 해도 시간을 확 줄일 수 있다. 페이스북, 인스타그램 등의 SNS나 유튜브도 과감히 삭제해 보라. 정말 필요하다면 컴퓨터에 깔면 된다.

스마트폰 사용시간을 정해서 사용하는 것도 좋은 방법이다. 우리는 아이에게 스마트폰을 많이 쓰지 말라고 한다. 게임 시간도 엄격하게 지킬 것을 요구한다. 그러면서 우리는 아무런 제재 없이 스마트폰을 사용한다. 너무 웃긴 상황 아닌가.

예를 들어 '두 시간에 10분만 스마트폰 사용하기'라는 목표를 잡는 것이다. 그러면 10분 동안만 스마트폰을 사용하고, 나머지 시간은 온전히 자기 일에 집중하면 된다. 잠자리에 들 때도 스마트폰 사용하는 것 대신 음악을 듣거나 머리맡에 둔 가벼운 책을 읽는 것이 좋다. 점차 스마트폰을 내게서 떨어뜨려 놓는 것이다.

주말을 잘 보내라

제일 잘 쉴 수 있는 시간은 주말이다. 그런데 주말에 잘 쉬고 있을까? 소파와 물아일체 되어 밀린 잠을 잔다. 쌓여 있는 집안일을 한다. 밖에서 오랜만에 친구를 만나기도 한다. 아무래도 주말은 긴장이 풀린다. 그래서 술을 많이 마시거나 종일 TV를 켠다. 어떤 사람은 아예 밖에 안 나가고 배달음식으로만 끼니를 때우거나 게임에 빠지기도 한다.

그렇게 주말을 보내고 월요일에 출근한다. 많이 잔 것 같은데도 졸리고 과음, 과식했다면 속이 더부룩할 것이다. 다시 한 주를 시작해야 한다는 사실에 우울해진다. 먹고, 자고, 쉬는 천편일률적인 쉼 말고 주말을 다른 방법으로 보내면 어떨까?

자신을 위한 시간을 내서 우선순위는 낮지만 기분전환을 위해 정말로 하고 싶은 소소한 일들, 예를 들어, 집안 수리, 정원 가꾸기, 또는 미뤄둔 편지에 답장하기와 같은 일을 해보자. 이 날은 재충전하는 날이자 창의력과 의욕을 되살리는 날이다. - 닐 피오레, 『내 시간 우선 생활습관』

나의 모든 시간은 소중하다

주말을 마냥 쉬는 날로만 생각하지 말자. 스티브 잡스는 주말에 혼자만의 시간을 통해 삶의 우선순위를 재정비했다. 세계적인 방송인 오프라 윈프리는 주로 주말에 명상을 했다. 버진 그룹 회장 리처드 브랜슨은 기부와 봉사활동을 했다.

이처럼 주말은 자신이 하고 싶었던 것을 마음껏 할 수 있는 날이다. 평소 가족과 시간을 보내지 못했다면, 가까운 공원이나 박물관에 가면 어떨까? 너무 바빠 정신없이 살았다면 혼자만의 시간을 보내며 계획을 세울 수도 있다. 독서를 하지 못했다면, 도서관이나 서점에 가서 한나절 책 읽고 돌아올 수도 있다. 여행을 좋아한다면, 아예 1박 2일 캠핑을 떠나 분주했던 마음을 내려놓을 수도 있다.

쉬는 것이 꼭 잠을 많이 자는 것만이 아니다. 오히려 적당히 땀을 흘리고 움직여야 피곤이 풀린다. 어떻게 쉬어야 잘 쉬는지 정답은 없다. 자기만의 쉬는 방법을 찾고 그 방법대로 쉬는 것이 중요하다. 무엇보다도 정기적으로 쉬는 것이 좋다. 아무리 성능이 좋은 기계도 오래 쓰면 고장 난다. 몸도 마찬가지다. 몸에 적신호가 오기 전에 잘 쉬어야 한다. 잘 쉬어야 시간을 더욱 알차게 쓸 수 있다. 쉴 때는 쉬자.

누군가 말했듯이, 인생은 쉼표 없는 악보와
같기 때문에 연주자가 필요할 때마다 스스로
쉼표를 매겨 가며 연주해야만 한다.
- 류시화, 『새는 날아가면서 뒤돌아보지 않는다』

가족과
함께하기

주말 저녁은 꿀맛 같은 휴식시간이다. 고된 일주일의 수고를 잠깐이나마 잊고, 간만에 여유로움을 느낀다. 무엇보다도 가족이 다 같이 모일 수 있다. 평일에는 주로 따로 밥을 먹는데, 주말만큼은 같이 식사한다. 외식하거나 치킨을 시켜 먹기도 한다.

오랜만에 웃을 수 있는 주말인데 문제가 하나 있다. 모이면 의례적으로 TV를 켠다는 것이다. 주말 저녁에는 재미있는 프로그램이 많다. 이리저리 채널을 돌려가면서 본다. 깔깔 웃게 되는 예능을 보고, 집중되는 드라마를 보기도 한다. 보다 보면, 시간 가는 줄 모른다. 더 볼 프로그램이 없으면, 그제야 TV를 끄며 잠자리에 든다. TV 볼 때는 좋은데 아무 생각 없이 2~3시간이 훌쩍 지나간 것이다. 일주일에 한 번 가족이 모이는 날을 그렇게 보내다니…. 후회해도 소용없다.

가족은 제일 가깝고 소중한 사람이다. 서로 바쁘다 보니, 가족끼리 얼굴 보기가 쉽지 않다. 아침에 아이 일어나기 전에 나간다. 종일 일하고 들어오면 아이는 자고 있다. 미안하고 안쓰러운 마음에 머리만 쓰다듬는다. '무엇 때문에 이렇게 일하고 있지?' 하는 생각이 번쩍 든다.

과거에는 모든 것을 제쳐두고 열심히 일하는 걸 미덕으로 여겼다. '가장은 집안을 책임져야 한다.'라는 논리로 야근과 주말 업무도 당연했다. 이젠 시대가 바뀌었다. 열심히 일하는 것 이상으로 퇴근 이후의 삶이 소중해졌다. 소위 '저녁이 있는 삶'을 당연히 누려야 할 때이다. 가족과 함께.

나의 모든 시간은 소중하다

TV보다 보드게임

가족과 대화를 방해하는 것은 무엇보다도 TV이다. 간혹 TV 보면서 대화를 나누기도 하지만, TV에 빠져서 거기에 집중하기 마련이다. 진솔한 이야기를 나누고 싶다면, 방법은 간단하다. TV를 끄면 된다.

TV가 없으면, 당장 "뭐를 할까?" 고민도 된다. 의외로 할 것이 많다. 우리 가족은 주로 보드게임을 한다. 같이 보드게임을 하면, 시간이 훌쩍 간다. TV를 보고 난 후에는 허무했는데, 보드게임 이후에는 가족끼리 친밀해진다. 무엇인가를 같이 몰두했기 때문이리라. 게임하면서 아이가 어떤 성향인지도 자연스럽게 관찰할 수 있다.

유익은 이것뿐이 아니다. 학습의 효과도 있다. 학교에서 기초 수학을 배우기 시작한 아이는 보드게임을 통해 간단한 사칙연산을 배운다. 몰랐던 단어를 익히기도 한다. 경쟁하는 보드게임의 경우에는 계속 머리를 쓰기 때문에 뇌 발달에도 도움을 준다.

오락에는 수동적 오락과 능동적 오락이 있다. 즐겁다는 점에서는 같을지 모르지만, TV나 게임으로 대표되는 수동적 오락은 킬링 타임인 경우가 많다. 반면 독서, 스포츠, 악기 연주, 보드게임(체스나 장기) 등은 자기 성장을 촉진하는 능동적 오락이라고 할 수 있다. - 가바사와 시온, 『신의 시간술』

이처럼 보드게임은 가족과 친밀한 시간을 갖게 하고, 학습 효과도 길러준다. 일석이조가 따로 없다. 요즘은 방과 후 수업이나 특별활동 시간에 보드게임을 많이 사용한다. 그만큼 학습 효과가 크기 때문이다. 휴일에는 아이가 먼저 조른다. "아빠, 모노폴리 하자." "아빠, 우노 할까?"

요즘은 초등학교 저학년도 스마트폰 게임을 한다. 스마트폰을 잡고 혼자 몇 시간을 보내는 것이다. 그렇게 생각하면 아이와 같이 보드게임 할 수 있는 시간은 그리 많지 않다.

어떤 보드게임을 해야 할지 모르겠으면, 30분 안에 끝나는 간단한 것으로 시작하면 좋다. '아이가 따라올까?' 걱정 안 해도 된다. 규칙을 설명하면 아이들은 의외로 잘 이해하고, 몇 번 해보면 능숙히 할 수 있다. 이처럼 보드게임을 하면, TV 시청과는 질적으로 다른 시간을 보낼 수 있다.

가까운 곳이라도

쉬는 날이면 가족과 여행을 가려 애썼다. 같이 시간을 보내는 좋은 방법으로 생각했기 때문이다. 좋은 곳에 가서 맛있는 것을 먹고 온다. 좋은 추억으로 남아 "그때 거기 갔었잖아. 좋았었는데."라고 말한다. 아쉽게 반대의 경우도 있다. 놀이동산처럼 번잡한 곳에 갔다 오면, 사람에 치여 제대로 놀지 못했다. 오히려 체력이 방전되었다. 차가 많이 막히면 차에서 시간을 다 써 버려 '집에 있을걸.' 후회하기도 한다. 여행이 오히려 독이 된 것이다.

굳이 멀리 안 가도 가족과 같이 시간을 보내는 방법이 있다. 대표적인 것이 쇼핑이다. 예전에 나는 쇼핑을 싫어했다. 옷도 인터넷으로 사 입을 정도로 별로 관심이 없었다. 가족의 먹거리 사는 것도 꺼려 마트에 거의 가지 않았다. 사람도 많고, 안

사도 될 것을 굳이 사게 된다는 핑계로. 마트에서 장 보는 것을 아내의 일로만 여겼다. 어쩔 수 없이 가게 되면 빨리 장보기가 끝나기만을 바랐다. 마치 가족의 구성원이 아닌 것처럼 나는 입을 꾹 닫고, 카트만 밀고 있었다.

한두 번 가다 보니 조금씩 변했다. 필요한 것이 생각나면, "○○도 사야 되지 않냐?"라고 묻는다. 시식 코너를 기웃대며 맛있는 음식을 찾아보기도 했다. 조금 더 지나자, 더 적극적으로 변했다. 마트 가자고 먼저 말을 꺼낸다. 이제 마트를 간다는 건 단순히 물건 사는 것만 의미하지 않는다.

무엇보다 집에선 할 수 없었던 이야기를 나눌 수 있다. 초등학교 아들에겐 요즘 제일 재미있는 게 무엇인지, 누구와 친하게 지내는지 자연스럽게 묻는다. 아내와도 요즘 사는 얘기를 서슴지 않게 나눈다. 평소엔 가족들과 바빠서 거의 얘기를 못하는데 한두 시간의 쇼핑에서는 마음껏 담소를 나누었다.

이렇듯 꼭 멀리 가야만 가족과 좋은 시간을 보내는 건 아니다. 저녁 먹고 동네 한 바퀴 돌아도 되고, 등하교의 짧은 시간에도 아이와 친밀한 시간을 보낼 수 있다.

같이 운동하라

가족과 함께 운동하는 것도 좋다. 산책한다거나 배드민턴, 줄넘기 같은 간단한 운동을 하는 것이다. 가족이라 해도 매일 사이가 좋지만은 않다. 아내와 싸우기도 하고, 아이를 훈육하다가 감정이 앞설 때 서로 데면데면할 때도 있다. 이때 밖에 나가 무언가를 같이 하면 좋다. 처음엔 어색하더라도 같이 걷거나 운동하면 금세 기분이 풀리고 관계도 좋아진다.

아이와 나는 두 달 전부터 같이 산책한다. 집 근처에 산이 있는데, 거기까지 20분 정도 걷는다. 도착해서 20분 정도 가볍게 등산한다. 잠깐 쉬었다가 집에 돌아오면 한 시간 남짓 걸린다. 무엇보다도 아들과 대화한다는 것이 좋다. 주로 엄마 손에서 컸기에 엄마와 시간을 많이 보냈었다. 이렇게 걸으면서 평소에 하지 못했던 대화를 했다. 자연을 좋아하는 아이에게 길가에 핀 꽃에 관해 이야기하고, 현수막이나 광고판에 쓰여 있는 어려운 단어를 알려주기도 한다. 갔다 오면 같이 샤워한다. 한 시간밖에 안 되는 짧은 시간인데, 따뜻함을 건네준다.

가족과 책을 읽는다면 →

책 읽기 역시 가족과 같이할 수 있는 좋은 놀이다. 특별한 규칙은 없다. 같이 책을 읽는 것이다. 각자의 방에서 읽는 것도 좋지만, 한 장소에서 읽는 것이 좋다. 아이는 부모의 행동을 따라 하게 마련이다. 부모가 집에서 TV를 보면 아이도 TV를 본다. 부모가 스마트폰을 만지면 아이도 스마트폰을 만진다. 부모가 책을 읽으면 아이 역시 책에 손이 가기 시작한다.

같이 읽으려고 해도 막상 처음엔 쉽지 않다. 아이는 계속 놀려고 할 것이고, TV와 스마트폰의 유혹도 만만치 않다. 그럴 때는 읽는 시간을 정해 놓는 것이 좋다. '수요일 저녁 먹고 한 시간 책 읽기' 이런 식으로 규칙을 정한다. 그 시간이 되면 무슨 일이 있어도 함께 모여 책을 읽는 것이다.

그렇다면 어떻게 같이 책을 읽을 수 있을까? 각자 다른 책을 읽고, 10분 정도 자신이 읽은 내용을 설명하는 방법이 있다. 그렇게 하면 서로의 관심사를 알 수 있고, 나도 읽었던 책을 반추할 수 있다. 한 권의 책을 서로 돌려 읽어도 된다. 책을 같이 읽고, 그 내용에 관해 토론하는 것이다. 내가 책 읽었을 때 미처 깨닫지 못했던 것을 새롭게 알 수 있다. 아이도 책을 더욱 깊게 읽을 수 있다. 아이의 관심사에 맞는 책으로 시작하면 좋다.

아이에게 직접 책을 읽어줄 수도 있다. 어릴 때만 책을 읽어주는 것 아닐까? 나도 그렇게 생각했다. 그렇지만 아이가 컸을 때 읽어주는 것도 의외로 효과가 있었다.

책 읽어주기는 아이들과의 대화에 능숙한 아빠든, 무뚝뚝하고 대화에 서툰 아빠든 관계없이 할 수 있는 가장 쉬운 실천이다. 과묵한 아빠라면 책읽기가 아이들과 대화를 트는 좋은 수단이 될 수 있다. 자신의 성장기에 재미있게 읽은 동화나 문학 작품이 있다면, 그 책을 소개하면서 읽어 보자. 아이들이 아빠를 바라보는 눈이 달라질 것이다. - 옥명호, 『아빠가 책을 읽어 줄 때 생기는 일들』

얼마 전에 『수박 수영장』이라는 책을 읽어줬다. 아이들만 읽는 그림책인 줄 알았는데, 그림이 너무 기발하고 재미있었다. 직접 읽어주니 아이는 즉각적으로 반응했다. "우와. 신기하다.", "재미있다." 등의 감탄사를 남발하며.

아이에게 질문할 수도 있다. "수영장을 만든다면, 어떤 수영장을 만들 수 있을까?" 등 책과 관련된 질문을 했다. 책 한 권만으로도 다양한 이야기가 가능했다. "오늘 학교 급식은 어땠니?", "요즘 친하게 지내는 친구는 누구니?" 같은 뻔한 질문 외에 새로운 이야기를 나눌 수 있었다. 책 한 권 읽어줬을 뿐인데.

아이가 초등학교 2학년이다. 아이가 커 가는 것을 볼 때, 시간이 빨리 흐른다는 것을 체감한다고 한다. 정말 그렇다. 갓난아이 때가 아직도 기억에 생생한데, 이젠 나와 다투기도 하고, 말벗도 되어 준다. 아이가 커가는 것을 보면 아쉬움이 생긴다. 그중 제일 아쉬운 점은 바쁨을 핑계로 함께 있는 시간을 많이 못 보낸 것이었다. 후회해도 소용없다. 그 시간은 다시 돌아오지 않기에.

성공도 중요하고, 돈을 버는 것도 중요하다. 자아를 찾고 세상에서 나의 위치를 확인하는 것도 중요하다. 가족과 시간을 많이 보내지 못하면 아무 소용없다. 가족은 제일 가깝지만, 어쩌면 남이 될 수도 있다. 이들과 많이 시간을 보내야 하지 않을까? 어려운 것이 아니다. 같이 밥 먹고 이야기를 나누는 것부터 시작해 보자. 조금씩 마음의 문이 열릴 것이다.

"내가 이미 수천 번도 넘게 말했지만
나는 이 자리서 한 번 더 말하고 싶다. 세상에서
부모가 되는 일보다 더 중요한 직업은 없다."

- 오프라 윈프리

자투리가 모여
하루가 된다

"시간이 없다." 시간에 관해 제일 많이 하는 말이다. "왜 이렇게 일이 늦어지냐?"라는 말에는 "(일할) 시간이 없다."라고 한다. 시험을 망치고 난 뒤에는 "(공부할) 시간이 없었다."라고 변명한다. 지인이 만나자고 해도 "(만날) 시간이 없다."라며 미룬다. "책 좀 읽어라." 말한다면 "(읽을) 시간이 없다."라며 손을 내젓는다.

이와 반대로 업무를 제시간에 끝내는 사람이 있다. 그것도 완벽하게. 그렇다고 일에만 매여 사는 것은 아니다. 쉴 때는 쉰다. 틈틈이 책을 읽고 취미를 즐긴다. 여러 개의 동호회 활동도 열심이다. 그에게는 항상 여유가 넘친다. 그를 보면 시간이 없다는 말은 거짓말 같다. 시간이 있음을 몸으로 증명한다. 왜 이런 차이가 날까? 누구에게나 시간은 똑같을 텐데.

답은 알고 있다. 자투리 시간을 어떻게 쓰느냐에 차이가 생긴다. 자투리는 자로 재어 팔거나 재단하다가 남은 천의 조각이라는 뜻이다. 즉, 일과 사이에 잠깐씩 남는 시간을 자투리 시간이라 부른다.

대중교통을 기다리는 시간, 출퇴근 시간, 예상보다 업무가 빨리 끝났을 때 생긴 시간, 회의가 미루어져 갑자기 생긴 시간, 공강 시간, 병원이나 은행에서의 대기 시간, 누군가를 기다리는 시간, 점심 먹고 오후 업무까지 남은 시간, 자기 전의 시간…. 이런 시간이 자투리 시간이다. 자투리를 어떻게 사용하느냐가 시간 사용의 핵심이다.

나의 자투리는 어떤가?

우리는 자투리 시간을 잘 쓰고 있을까? 쉽게 점검하는 방법이 있다. 우선 하루의 자투리 시간을 쭉 써 보라. 아침에 일어나서 잠자리에 들기까지 자투리 시간을 낱낱이 적어보는 것이다. 단 오 분의 시간이라도 적어라.

다음으로 그 시간에 내가 실제로 무엇을 했는지 상세히 적어라. 대부분이 비슷할 것이다. 멍하니 앉아 스마트폰을 만지작거리고, 퇴근 이후엔 술자리를 가질 수도 있다. 동료들과 쓸데

없는 농담으로 시간을 보내기도 한다. 이처럼 별로 생산적이지 않은 시간을 보낼 때가 많다. 그러면서 죄의식(?)은 별로 없다. 말 그대로 '자투리' 시간이기 때문이다. '기껏해야 10분에서 30분인데'이라 생각한다.

마지막으로 자투리 시간을 다 합해보라. 놀랄 것이다. 생각보다 많기 때문이다. 10~30분이라고 얕잡아봤던 시간인데, 합치면 하루에 2~3시간이나 된다. 일주일이면 20시간 가까이 되는 것이다. 거의 하루에 가까운 시간이다.

실제로 어떤 조사에서는 우리의 자투리 시간이 하루 평균 두 시간 반(147분)에 달한다는 결과를 나타냈다. 심지어 대학생 그룹(160분)은 직장인 그룹(127분)보다 하루 평균 30분 이상이나 많았다. 또 다른 조사(게임잡)에서는 성인남녀가 자투리 시간에 하는 활동을 분석했다. 그 결과 1위는 31.5%를 차지한 SNS 이용이었다. 2위는 PC/모바일 게임(27.8%)이었다. 영상 콘텐츠 시청(24.5%), 낮잠/휴식(21.8%), 커피/간식 섭취(17.3%)가 뒤를 이었다.

자투리 시간을 점검해 보았으면, 이젠 그 시간에 할 일을 적어보라. 독서, 글쓰기, 강의 듣기, 외국어 공부, 운동, 지인에게 연락하기, 계획 짜기, 시험 준비, 가계부 정리 등 할 일을 자투리 시간에 채워 넣는 것이다. 5분의 자투리 시간이라도 무엇을 할지 계획해 적어놓아라.

습관이 되기까지는 자세히 적는 것이 좋다. 계획표에 '자투리 시간'이라고 쓰지 말고, 아예 그 시간에 뭐할지를 써라. 예를 들어, 점심 식사 후에 여태까지 할 것이 없었다면, 구체적으로 그 시간에 무엇을 할지를 쓰는 것이다.

다음이 제일 중요하다. 계획한 행동을 자투리 시간에 하는 것이다. 아무리 다짐을 하더라도 실제로 그것을 하지 않으면, 여태까지 그랬던 것처럼 자투리 시간을 그냥 흘려보낼 것이다. 그렇다면 구체적으로 자투리 시간에 무엇을 할 수 있을까?

출퇴근 시간을 활용하라

직장인들은 하루에 한두 시간을 출퇴근 시간으로 쓴다. 보통은 지하철이나 버스 같은 대중교통을 이용한다. 직장인에게 피곤할 수 있는 시간이다. 출근할 때는 잠이 아직 안 깨어 졸린 상태이고, 퇴근할 때는 빨리 집에서 쉬고 싶을 정도로 피곤할 것이다. 그렇기에 게임이나 동영상을 보면서 시간을 보내곤 한다. 앉아있으면 무조건 잔다. 이 시간을 어쩔 수 없이 보내는 시간으로 생각하기 쉽다. 대중교통 기다리고, 사람도 많고, 많이 움직여야 한다. 이 시간에 뭔가를 하기가 쉽지는 않다.

출퇴근 시간을 자기 계발의 시간으로 활용하면 어떨까? 생각해 보라. 하루에 한두 시간 내는 건 쉬운 일이 아니다. 집중하려 하면 전화나 카톡이 오고, 퇴근 이후에는 아쉬울 정도로 시간이 빨리 간다. 그런데 출퇴근 시간을 잘 보내기만 해도 하루에 한두 시간을 온전히 쓸 수 있는 것이다. 자기 계발 시간이 없다고 소리치는 상황에서 희소식이 아닐 수 없다.

영어공부를 예로 들자. 학원에서만 영어를 공부하는 시대는 지나갔다. 언제 어디서든 영어를 공부할 수 있다. 스마트폰은 좋은 도구가 된다. 회화, 토익, 문법 등 자신의 상황에 맞추어 공부하면 된다. 영어 오디오북으로 쭉 들으면서 공부할 수도 있다.

영어뿐만 아니라 다양한 공부도 할 수 있다. 유튜브나 팟캐스트에선 시사, 역사, 예술, 문학 등 다양한 분야의 콘텐츠를 거의 무료로 제공한다. 관심 있는 분야를 선택해 공부하면 된다. 세바시(세상을 바꾸는 시간 15분)나 테드(Ted)를 통해 사회 유명인사의 강의를 들을 수도 있다. 이런 강의는 하루를 살아가는 데 긍정적인 효과를 준다. 이렇듯 출퇴근 시간이 버리는 시간이 아니라, 자기 계발의 장이 될 수 있다.

책을 갖고 다녀라

은행 업무를 볼 때가 있다. 월말이면 각종 공과금을 내는 등 사람이 많다. 30분 이상을 기다리기도 한다. 기다리면서 할 게 없다. 손으로 스마트폰을 만지면서 '딩동' 소리 날 때마다 내

차례를 기다릴 뿐이다. 누군가를 만날 때도 마찬가지이다. 먼저 도착해서 기다린다. 그런데 "막혀서 조금 늦게 갈 것 같다."라는 메시지를 받으면 당황스럽다. 역시 스마트폰을 들고 하릴없이 기다릴 뿐이다. 십 분이 한 시간처럼 느껴진다. 기다리는 시간이 아깝다는 생각이 절로 든다.

그렇게 의미 없게 기다리는 시간을 알차게 보내는 방법이 있다. 책을 읽으면 된다. 평소에 시간 내서 읽기 어려웠던 책을 읽으면 된다. 집중해서 읽으니 시간도 금방 간다. 어떤 때는 조금 더 책을 읽고 싶기도 하다.

나는 누군가를 만나거나 어딘가 갈 때, 가방에 책 한두 권 넣고 다닌다. 언제 어디든 읽을 여건이 되면 책을 읽는 것이다. 대중교통을 이용할 때도 마찬가지다. 사람이 너무 많은 경우를 제외하면, 책을 읽는다. 서서 읽기도 한다. 대중교통에서 책을 읽을 때 장점이 있다. 집중이 잘 된다는 것이다. 몇 정거장 후에 내려야 하므로, 더 집중할 수 있다.

요즘은 화장실에도 책을 둔다. 전에는 스마트폰을 갖고 들어갔다. 별로 중요하지 않은 뉴스를 보고, 간단한 영상을 보았다. 어느 때부터인가 그 시간이 아깝게 느껴졌다. 하루에 10~20분을 허비하는 게 아닌가. 그곳에 얇은 책을 두고, 잠깐이라도 읽기 시작했다.

대중교통에서, 화장실에서, 그리고 누군가를 기다리면서 읽는 것이 습관이 되었다. 한마디로 자투리 시간을 그냥 버리지 않았다. 이렇게 자투리 시간만 활용해서 읽는 책이 한 달에 한두 권은 된다.

명상은 어렵지 않다

회사에서 자투리 시간이 의외로 많다. 점심을 먹고 나서라든가 업무 사이에 자투리 시간이 생긴다. 보통은 밖에서 커피를 마시거나 담배를 피운다. 동료들과 담소를 나누기도 한다. SNS를 하거나 음악을 듣기도 한다. 무료하게 보내는 자투리 시간에 명상을 해 보면 어떨까?

자투리 시간과 명상은 왠지 어울리지 않는 것 같다. 명상은 시간을 꼭 지켜서 해야 할 것 같고, 혼자만의 장소가 있어야 할 것 같다. 너무 종교적인 것처럼 여겨지기도 한다. 명상은 모든 육체활동을 멈추고, 몸과 마음 모두 쉬는 것이다. 잠자는 것과는 다르다. 잠잘 때는 잠재의식 속의 온갖 감정과 생각이 활동한다. 그렇기에 명상은 잠보다 더 완전한 휴식이라 할 수 있다.

외부의 자극에 휘둘리는 대신 내면의 소리에 귀를 기울이는 훈련을 하는 것만으로도 일상을 바라보는 우리의 시각은 완전히 바뀔 수 있다. - 울리히 휴나벨, 『행복의 중심 휴식』

종일 업무에 시달리고, 상사와 동료들과 갈등이 있다. 회사일 외에 크고 작은 문제들이 켜켜이 쌓여 있다. 그 속에서 5~10분 만이라도 모든 걱정을 내려놓는 것이다. 명상의 방법은 많다. 인터넷이나 책을 참조해 자신만의 방법을 찾으면 된다. 제일 기본적인 방법은 긴장을 풀고 심호흡하는 것이다. 소음이 크면 밖에 나가서 해도 된다.

단, 명상하면서 스트레스를 받지 않는 것이 중요하다. 명상을 하나의 목표로 생각하고 너무 거기에 집착하다 보면, 또 하나의 스트레스가 된다. 집중될 때도 있고, 안 될 때도 있다. 주위 소음이 너무 심해 아예 명상을 못 할 때도 된다. 그럴 때는 그냥 심호흡 몇 번 해도 된다.

남는 시간이 아니다

미국의 언어학자인 엘리휴 버리트는 어린 시절 생계를 위해 갖은 고된 일을 했다. 그는 일하면서도 18개나 되는 고대어와 현대어, 22개의 유럽 방언을 숙달했다. 결국 미국을 대표하는 언어학자로서 자리매김하게 된 그는 이렇게 말한다.

"내가 성공한 것은 천부적인 재능이 있어서가 아니다. 나는 하루하루의 시간을 꼭 필요한 일에 투자했기 때문에 마침내 뜻한 바를 이룰 수 있었다."

  자투리 시간을 남는 시간으로 생각하지 말자. 자투리는 다른 시간보다 덜 중요하지 않다. 자투리 시간 역시 인생의 한순간이다. 그 시간을 잘 쓰면 잘 쓸수록 하루를 잘 보낸 것이고, 일생을 잘 보낸 것이다.

  자투리 시간을 얕본다면 하루의 다른 시간도 얕보기 쉽다. 10~20분의 자투리가 모여 하루 24시간이 완성되는 것이다. 나의 인생을 사랑하고 아끼는가? 무언가 하고 싶은데 시간 없어 초조한가? 당장 내게 주어진 오 분의 시간. 그 자투리를 치열하게 살아보자!

우리 인생에 자투리 시간은 없다.
모든 시간이 '자투리'가 아닌 '고갱이'이며,
'나머지'가 아닌 '충만함'이다. 모든 시간이 더없이
아름답게 빛날 수 있다. 우리가 기계와 미디어에 혼을
빼앗기지만 않는다면. 우리가 저마다의 인생을
나 스스로 운전하고 있다는 강한 믿음을
마음속 깊이 간직할 수만 있다면.
- 정여울, 『토닥토닥』